U0129095

覃子豪詩研究

劉正偉 著

現代文學研究叢刊
文史哲出版社

國家圖書館出版品預行編目資料

覃子豪詩研究 / 劉正偉著. --初版.-- 臺北市：
文史哲, 民 94
面：　公分. -- (現代文學研究叢刊; 16)
參考書目：面
ISBN 957-549-595-0 (平裝)

1. 覃子豪 – 作品研究
851.486　　　　　　　　　　94004824

現代文學研究叢刊　16

覃子豪詩研究

著　　者：劉　　　正　　　偉
出 版 者：文 史 哲 出 版 社
http://www.lapen.com.tw
登記證字號：行政院新聞局版臺業字五三三七號
發 行 人：彭　　　正　　　雄
發 行 所：文 史 哲 出 版 社
印 刷 者：文 史 哲 出 版 社
臺北市羅斯福路一段七十二巷四號
郵政劃撥帳號：一六一八〇一七五
電話 886-2-23511028 · 傳真 886-2-23965656

實價新臺幣 三〇〇元

中華民國九十四年 (2005) 三月初版

詩的播種者

—— 向　明　序

意志囚自巳在一間小屋裡
屋裡有一個蒼茫的天地

耳邊飄响着一首世紀的歌
胸中燃着一把熊熊的烈火

把理想投影於白色的紙上
在方塊的格子裡播着火的種子

火的種子是滿天的星斗
全部殞落在黑暗的大地

當火的種子燃亮人類的心頭
他將微笑而去，與世長辭　　　　　—— 覃子豪：〈詩的播種者〉

　　這首詩即是本文的標題〈詩的播種者〉，是由早年來台的第一代詩人
覃子豪先生所寫。從詩文本所呈現的沈重、執着和熱忱來欣賞這首詩，
便可知作為一個認真的詩人，他的處境、他的面世態度，他投注出去

的心血和可能的回收，真只有「鞠躬盡瘁，死而後已」這種奉獻精神所可以概括。

而覃子豪先生本人即十足可以稱之爲台灣這個島上「詩的播種者」，台灣的現代詩今天會這麼有聲有色的蓬勃發展，傲視大陸。領先所有各華人地區，全是覃子豪先生早年辛苦所播下的火種，而今才得燎燃成勢不可擋。

就所謂「詩的播種者」言，一是詩人自已的創作紮實硬朗，絕不隨意出手，一出手便有不凡的表現。不但可以獲得一般讀友的激賞，更可邀得詩人同行的肯定。這種外行激賞內行肯定的成就，便可形成一種影響，塑造一種傳統。就覃子豪先生的詩創作言，他祇活了五十一歲，除了赴日留學與抗戰期間所寫的一些抗日體裁的詩以外，來台後他正式投入詩創作僅祇十五年，他却出了三本詩集。這三本詩集是〈海洋詩抄〉、〈向日葵〉和〈畫廊〉。每本詩集都各有特色，各代表他在詩追求上，各時間的進境。〈海洋詩抄〉共收集他在民國三十五年至四十一年間精選的詩四十七首。這本詩集可說是一個來自蜀地山區的孩子初初投向海洋的熱戀，他已成爲一個海洋的歌者，這本詩集中〈追求〉一詩突顯了詩人對人生光明面、對浩瀚與永恆壯烈的追求和捨身，此詩是覃氏此一時期的代表作，曾經入選國內外各詩選：

　　　大海中的落日

　　　悲壯得像英雄的感嘆

　　　一顆星追過去

　　　向遙遠的天邊

　　　黑夜的海風

　　　括起了黃沙

　　在蒼茫的夜裡

　　一個健偉的靈魂

　　跨上了時間的快馬

　　〈向日葵〉是覃子豪在民國四十二年至四十四年間發表的約四十首作品中，挑選出的二十三首詩。覃氏自承這是他追求一種超越的結果，寫〈向日葵〉各詩的意念，情緒，表現方法都和寫〈海洋詩抄〉時不同、可以說是詩人從純抒情走向現代技巧的一次成功的發軔。他在這本詩集的序言中說：「《向日葵》是我苦悶的投影，這投影就是我尋覓的方向。…」很顯然在這第二本詩集中、作者在詩的形式上有放寬幅度和重建秩序的打算，各詩的行數增至三四十行，甚至有近百行者。而在分段上，每段以固定的行數結集，形成一種整體的和諧，前引〈詩的播種者〉是爲《向日葵》詩集的代表作，係採兩行的形式建構，全詩各段均以兩行爲準，與此詩同類形者尚有〈花崗山掇拾〉一詩。

　　《畫廊》是《向日葵》出版六七年後作品的結集，計收作品三十一首。在此期間正值覃氏作品的高峰期，寫出的詩作當然不止此數，覃氏在此書的序言中，一開始便有如下的坦白，他說：「自《向日葵》出版後的六七年間，我對於詩，思索多於創作、創作多於發表，恆作探求或實驗。是常因發現而有所否定，或因否定而去發現。」同時，他在序言中也對他當時所追求的詩有一嶄新的發現，他認爲「詩，是游離於情感和字句以外的東西。它是一個未知，是一個假設正待我們去求證。」這正是一個詩人從詩的歷練中所獲得最珍貴，最持久，最具真理性的真知卓見。他自已便從未知的探求中去發現詩、去作詩創作的實踐，《畫廊》裡的詩便是探求的結果。其中〈瓶之存在〉〈域外〉是他以抽象的語言表現詩之抽象感覺的成功之作，〈瓶之存在〉一詩已

有多篇論文作專題研究。並入選國內外各大詩選及文學大系。詩集《畫廊》咸認是覃氏投身現代主義象徵詩法的最具代表性的作品，可惜天不假年，覃氏在詩集出版的翌年十月十日因胆囊癌過世，享年僅五十二歲。

「詩的播種者」的另一解釋是指詩人對後繼者的愛護，鼓勵和培植。就這方面的貢獻言，覃子豪被尊稱爲台灣「現代詩之父」亦不爲過，早在民國四十二年覃子豪即擔任中華文藝函授學校詩歌班之教席。並於民國四十三年借《公論報》副刊版面，每周五刊出《藍星周刊》及自辦《藍星詩選》、《藍星季刊》等詩專業刊物，挪出大批園地供學生發表成熟的作品。其後由於函校詩歌班的教育成功，覃氏親自批改作業並介紹發表的鼓勵，軍中文藝函授學校亦邀請覃氏担任詩歌班主任並仍沿用覃氏自撰教材《詩創作論》《詩的解剖》，是以一時之間覃氏桃李遍及天下。

台灣現代詩的播種工作係由他打的頭陣、此一奠基打的首發，影響深遠。至今台灣現代詩壇的詩刊創始人、社長、主編及詩社成員之年長者幾均爲覃氏的學生或爲他的詩刊所培植出來的詩人；亦有中生代詩人因讀過覃氏的教材而自稱爲覃氏的學生者。可見台灣的寫詩者均以覃氏寫詩維護詩的功績爲榮。每年的十月十日都有大批的他的學生到三峽龍泉墓園，他的墓地銅像前向他致。他離開台灣詩壇瞬己四十年了，他的學生却一刻也沒忘記他，都自認是覃氏撒下的一粒責任重大的詩的種子。

近些年來，學界開始研究覃氏作品的越來越多。而我這裡，由於大家都知我是他的學生，早年孤單一人的我一直把他視爲長上，所以都來問我有關覃氏的種種，以及對覃氏作品的欣賞觀點，我都一一儘量提供。

　　劉正偉是最近以來對覃氏為詩研究最深，最鑽研徹底的一位，其為學精神委實令人佩服。即以覃氏早年在大陸出版的幾本詩集，以及他赴日留學，在抗日期間的多彩多姿的行踪；還有他在四川廣漢老家的童年及求學生活，他和三〇年代部份詩人的交往；初來台以後妻女旋又返回大陸，從此天人永隔的種種切切，他都能費數年功夫，上天下地的搜尋出來，彙整成一篇既論詩，又論人，構成一個「詩的播種者」覃子豪先生的整體的人文面貌，印證覃氏詩格，詩宗的不朽靈魂。是以我除濫竽充數為他的論文口試老師，並欣然以這篇短文來為他的書作序。

向　明　序 2005.2.28

自　序

　　一個健偉的靈魂／跨上了時間的快馬

　　　　　　　　　　　　　　── 覃子豪〈追求〉

　　許多的詩人在成名、獲取一些聲望後，便停止創作腳步成為交際型的詩人。但是我們從覃子豪（1912－1963）生前留下的創作來看，從早期自由浪漫的《生命的弦》開始，到愛國寫實的《自由的旗》與《永安劫後》，到《向日葵》象徵主義與巴拿斯派冷峻深刻的實驗，到後來清澈明麗與嚴謹神秘的《畫廊》。他從不曾停下他的腳步，「恆在追求與探索」，我們從他的創作與奮鬥中，看到他健偉的靈魂，傳遞著光和熱。始終在追求成長與實驗，永遠走在時代的尖端，歷久彌新。

　　覃子豪的一生都致力於現代詩的創作與教育推廣上面，嘔心瀝血、鞠躬盡瘁，死而後已。我對覃子豪其人其詩發生興趣，是在民國八十七年參加文協「新詩研究班」之後，接觸許多詩壇前輩與詩人老師，因為老師們大部分是覃子豪的好友故舊或學生知己，言談教學間，常耳聞覃子豪先生的風範，彷彿老師們皆是覃先生的化身。

　　在本書《覃子豪詩研究》，由於運用圖書館與網路搜尋引擎的新科技與新方法，使得資料的收集與獲得更形迅速且便利；加上個人加入乾坤詩社與中國文藝協會之便，藉由覃子豪生前故舊與學生知己的深入訪談與討論，得以獲得更多一手資料與評價。而獲致本篇論文的初步成果，使我們與世人皆能獲致如此認知：

一、　正確認識覃子豪的生平與經歷。

二、　明瞭覃子豪的創作歷程與時代變動的關係。

三、　了解覃子豪與紀弦現代派論戰的始末。

四、　確認覃子豪《藍星宜蘭分版》的主編關係。

五、　欣賞覃子豪《海洋詩抄》的修辭技巧。

六、　分享覃子豪現代詩創作中靈與真的特質。

七、　蒐羅探索覃子豪的佚詩，以補《覃子豪全集》之不全。

　　俗語說「羅馬不是一天造成的」，這本《覃子豪詩研究》亦非區區能獨立完成的。得感謝眾多師長與親友的大力協助。

　　首先要感恩的是我的指導教授沈謙老師，從我讀元智大學期間就不斷給予親切的教誨鼓勵，指引我繼續考取玄奘大學中文所，並擔任我的指導教授，他的教學幽默風趣、態度和藹誠摯，言教身教皆是我學習的典範。一路提攜、諄諄教誨之恩，終身不敢或忘。

　　系主任莊雅州教授在我論文發表與指導方面，甚為關心，並感謝老師的指正，讓我能以更嚴謹的態度面對論文的寫作與發表。

　　其次要感謝詩壇諸多的詩友長輩，給予的協助支持與鼓勵：首先是張默老師，在我五年前尋求協助時，最先寄來整份的《創世紀詩刊》第十九期《覃子豪紀念專輯》影本，而不取分文，感激至極。而覃先生的學生梅占魁前輩，慨贈寶貴的資料，如《藍星週刊》、《中華文藝》函授資料與《論現代詩》等寶貴的珍本，在我寫作考證的幫助上最為重要。

　　覃先生的老友如鍾雷、鍾鼎文、洪兆鉞、、等前輩，在生平經歷資料與口述歷史的協助上，助益良多。而覃先生的學生故舊知己，如向明、麥穗、藍雲、文曉村、、等前輩，贈與的資料與資訊亦為豐富。尤其向明老師並擔任我論文口試召集委員，每當我完成部份篇章時，皆電傳請老師幫忙修改與指正，至為感謝。

　　中國文藝協會的綠蒂理事長與羅明河秘書，在我資料的收集與獲得過程中，提供不少的資源與協助。其他如詩友王宗仁、吳東晟的資料提供亦爲寶貴。自由聯盟的圓亮、理合、建國、茂盛、煒理諸兄與永信公司同仁文啓、俊仁、承霖等，在生活上的鼓勵與支持，至爲感激。

　　最後要感謝的是賢內助靜宜，爲我生了一個可愛的大女兒品萱，第二個女兒（亞玟）並於今天順利誕生。持家相夫教子，讓我無後顧之憂，是個現代的賢妻良母。最後要感謝我的父母與兄弟們，一輩子的無怨無悔的支持與鼓勵。

　　無論如何，每一個在我生命中的貴人與有緣相識相助的大德，都是我心中至爲感恩，而不敢或忘的恩人。

　　是爲序。

正偉　謹序 2005.1.3

覃子豪詩研究

目　次

詩的播種者　（向明序）……………………………………………1

自　序 ……………………………………………………………… 6

第一章　緒　論 …………………………………………………… 1

　第一節　研究動機 …………………………………………………2

　第二節　文本檢討 …………………………………………………3

　第三節　論文架構 …………………………………………………6

第二章　成長環境與生平經歷 ……………………………………9

　第一節　成長與求學時期（1912－1935 年）……………………10

　第二節　留學東京時期（1935－1937 年）………………………13

　第三節　返國與抗戰時期（1937－1947 年）……………………16

　第四節　遷台以後（1947－1963 年）……………………………20

第三章　現代詩創作歷程 …………………………………………27

　第一節　〈撥動生命的絃〉時期 ──（《剪影集》、《生命的絃》）…27

　第二節　〈戰爭的消息在催促著我〉時期 ──（《自由的旗》、
　　　　　《永安劫後》）……………………………………………34

　第三節　〈嚮往〉時期 ──（《海洋詩抄》）……………………43

　第四節　〈詩的播種者〉時期 ──（《向日葵》）………………48

　第五節　〈畫廊〉時期 ──（《畫廊》、〈雲屋〉、

〈過黑髮橋〉）…………………………………………56

第四章　與紀弦現代派的論戰 ── 關於戰後台灣第一場
　　　　現代詩論戰…………………………………………71

　第一節　論戰的背景………………………………………72

　第二節　論戰的緣起………………………………………74

　第三節　批判的號角………………………………………77

　第四節　覃子豪與紀弦的論戰……………………………81

　第五節　其他助陣者………………………………………85

　第六節　結語………………………………………………87

第五章　覃子豪與《藍星宜蘭分版》………………………89

　第一節　《藍星宜蘭分版》的誕生………………………90

　第二節　《藍星宜蘭分版》的出版情形…………………90

　第三節　誰主編《藍星宜蘭分版》………………………91

　第四節　美麗外遇的句點…………………………………92

　第五節　結　語……………………………………………95

第六章　《海洋詩抄》修辭技巧探究………………………97

　第一節　《海洋詩抄》的構思……………………………97

　第二節　修辭技巧舉隅……………………………………98

　第三節　結　語……………………………………………104

第七章　靈與真的特質………………………………………107

　第一節　靈的特質…………………………………………107

　第二節　真的特質…………………………………………111

　第三節　結　語……………………………………………116

第八章　佚詩探索……………………………………………117

　第一節　《自由的旗》……………………………………117

第二節 其他抗戰時期前後作品 ……………………119

第三節 出現在《自立晚報‧新詩週刊》者……………121

第四節 其 他 ……………………………………124

第九章 結 論 ……………………………………125

附錄一 詩人作品集 ………………………………133

附錄二 覃子豪年表 ………………………………134

附錄三 覃子豪遺囑 ………………………………142

附錄四 《覃子豪全集 I》補遺 …………………143

　壹、《自由的旗》 ………………………………143

　貳、其他抗戰時期前後作品 ……………………193

　參、出現在《自立晚報‧新詩週刊》者 ………208

　肆、其 他 ………………………………………217

附錄五 《藍星宜蘭分版》編目 …………………218

參考文獻舉要 ………………………………………225

　一、詩人作品集 …………………………………225

　二、覃子豪及其作品評論（依出版年代排列）…225

　　（一）專書（學位論文）………………………225

　　（二）期刊、論文 ……………………………226

　三、其他參考文獻（依出版年代排列）…………235

　　（一）專　書 …………………………………235

　　（二）期刊、論文 ……………………………241

　　（三）學位論文 ………………………………242

　四、電子網頁資料…………………………………242

第一章：緒論

> 一個健偉的靈魂 ＼ 跨上了時間的快馬
>
> ——覃子豪〈追求〉[1]

　　覃子豪(1912—1963)是台灣現代詩壇的重要旗手,也是著名的詩教育家,被譽為台灣「詩的播種者」,更是維護現代詩不留餘力的捍衛戰士。

　　台灣光復初期,因政治情勢動盪不安等因素,自由中國的文壇經歷了一段白色陰影的噤聲時期,現代詩壇也不例外,但是現代詩卻在民國四十年代初期開始蓬勃發展,這不得不歸功於多位前輩詩人如鍾鼎文(1914—)、紀弦(1913—)、覃子豪、葛賢寧(1907—1961)、李莎(1924—1993)…等人的推動,尤其是現代詩社、藍星詩社與創世紀三大詩社先後的成立與發行詩刊,提供現代詩人們馳騁的疆域,而形成推波助瀾之效。

　　這時期的主角除了紀弦外,就屬覃子豪最受矚目與積極的參與。如果說紀弦是台灣現代詩的「引言人」,那麼覃子豪就是現代詩的「推手」與「捍衛戰士」。

　　對內(詩壇)而言,覃子豪的詩創作不僅豐富優美、持續精進,更是熱情且狂熱的現代詩推動者,從事數個函授學校詩歌班的教職,全力編寫教材,發行刊物,運用新方法批改作業,排疑解惑,致使桃

---

[1]　覃子豪:《海洋詩抄》台北:新詩週刊社　1953年4月,頁114。

李滿天下,如文曉村(1928—)、向明(1929—)、小民(1929—)、麥穗(1930—)、瘂弦(1932—)、辛鬱(1933—) 、藍雲(1933—)、…等當代著名詩人,盡是其得意門生;對外(詩壇外)而言,他是英勇的捍衛戰士,不僅與詩壇內的好友紀弦論戰現代詩…,且與詩壇外的保守異議現代詩的文人,如蘇雪林(蘇梅 1898—1999)、言曦(邱楠 1916—1979)、門外漢…等人展開論戰,忠誠的捍衛現代詩的地位,儼然是個詩壇的急先鋒。

雖然他因操勞而病死在台灣,亦可謂英勇戰死在台灣現代詩壇的沙場上。覃子豪使人尊敬與懷念,是因他的創作和思想觀念與時俱進,「恆在追求與探索」,我們只要觀察他前後期詩風的轉變,就可發現其創作進步的特點;也不僅僅是他對詩壇的貢獻,更重要的他是一位真誠,愛國與進步的詩人。

第一節:研究動機

民國八十七年我因個人與家庭因素,對人生的方向無所適從,恰巧「中華民國新詩學會」開辦「新詩研究班」,由於對現代詩仍情有獨鍾,於是決心重拾學生時代塗鴉的興趣,期望有流芳之作。研究班師資陣容皆是一時之選、詩壇大家,例如洛夫(1928—)、羅門(1928—)、蓉子(1928—)、張默(1930—)、向明、瘂弦、辛鬱、綠蒂(1942—)…等名師。

在此之前,我因對現代詩的見識粗略,並不識覃子豪是何許人也,但是卻對這些名師仰慕甚久,而他們幾乎都是覃子豪生前故舊好友或學生知己。老師們教學精采、資料豐富,教學與言談間或多或少都會

談論覃子豪先生的創作或者感懷其對詩壇的貢獻。遂引起我對覃子豪
先生其人其詩的嚮往與探索的興趣。

　　從此，即開始四處收集研究覃子豪的有關創作與相關資料。在出
版個人詩集《思憶症》[2]後，卻發現自己的見解與知識有所不足，研究
與創作仍須突破，遂插大考入元智大學應用中文系，蒙恩師沈謙先生
之鼓勵，畢業後繼續考入玄奘大學中文所學習。發現，《覃子豪全集 I》
[3]之詩作收羅不全，坊間許多關於覃子豪的生平經歷與引用文章，甚至
評論見解多有所出入，更加引起我研究探索與寫作這本論文的動機。

　　然而，這只是我對覃子豪探討與研究之興趣的開端。

第二節：文本檢討

壹、文本檢討

　　覃子豪為著名的現代詩人，本論文既然為《覃子豪詩研究》，必先
知人治世，當以《東京回憶散記》[4]與現代詩創作，如《永安劫後》[5]、
《海洋詩抄》[6]、《向日葵》[7]、《畫廊》[8]與《覃子豪全集 I》[9]的探討與

---

[2]　劉正偉：《思憶症》　　　　台北，文史哲出版社，2000 年 7 月。
[3]　《覃子豪全集 I》　　　　　台北，覃子豪全集出版委員會，1965・詩人節。
[4]　覃子豪：《東京回憶散記》　福建・漳州，南風出版社，1945 年 5 月。
[5]　覃子豪：《永安劫後》　　　福建・漳州，南風出版社，1945 年 6 月。
[6]　覃子豪：《海洋詩抄》　　　台北，新詩週刊社，1953 年 4 月初版。
[7]　覃子豪：《向日葵》　　　　台北，藍星詩社，1955 年 9 月初版。
[8]　覃子豪：《畫廊》　　　　　台北，藍星詩社，1962 年 4 月。
[9]　覃子豪：《覃子豪全集 I》　台北，覃子豪全集出版委員會，1965・詩人節。

研究爲主。

其詩論如：《詩的解剖》[10]、《論現代詩》[11]、《詩的表現方法》[12]、《覃子豪全集Ⅱ》[13]與詩教等相關資料則列爲輔助資料。

至於其譯詩的部分，如：《法蘭西詩選》[14]、《世界名詩欣賞》[15]與《覃子豪全集Ⅲ》[16]等，雖在當時這些譯介的貢獻頗大，惟涉及原文詩相關譯法與內容的時代差異和非詩人原創作品，故只列爲參考資料，而不爲研究探討對象。

佚詩部分，則是我搜羅的重點，以補全集之不全。至於在台灣已經亡佚的《自由的旗》經過多方的蒐集與拼湊，而有所突破，只剩三首詩作，即可補齊。其餘皆同抗戰時期的其他佚詩等，收入在本論文附錄四：《覃子豪全集Ⅰ》補遺(詩創作部分)。

貳、前人研究成果

對覃子豪其人其詩發生興趣，是在民國八十七年參加文協「新詩研究班」之後，並開始收集資料的。決定寫關於覃子豪的學位論文，是民國九十一年七月考入玄奘大學中文所當時提出的研究計畫，因爲

---

[10] 覃子豪：《詩的解剖》　　台北，藍星詩社，1958 年 1 月初版。
[11] 覃子豪：《論現代詩》　　台北，藍星詩社，1960 年 11 月初版。
[12] 覃子豪：《詩的表現方法》台中，曾文出版社，1977 年 7 月。
[13] 覃子豪：《覃子豪全集Ⅱ》台北，覃子豪全集出版委員會，1968·詩人節。
[14] 覃子豪：《法蘭西詩選》　高雄，大業書店，1958 年 3 月初版。
[15] 覃子豪：《世界名詩欣賞》台中，普天出版社，1972 年 7 月。
[16] 覃子豪：《覃子豪全集Ⅲ》台北，覃子豪全集出版委員會，1974·雙十節。

在《全國博碩士論文資訊網》[17]裡並沒有相關的學位論文，遂引起我的興趣與方向。但是在即將完成個人的學位論文時，卻出現一本高雄師範大學的教學碩士論文《覃子豪詩藝研究》[18]。然而這本論文引述出處幾乎盡在《覃子豪全集》與相關參考資料，幾無筆者所需之創新或新發現之參考價值。

坊間亦無其他關於覃子豪探討或研究之專書，倒是單篇相關傳記或追懷文章，數目龐大。單是在《國家圖書館遠距圖書服務系統·當代文學史料影像系統》[19]裡的相關資料，就有一百二十八筆，如：彭邦楨(1919—2003)的〈巨星的殞落— 悼詩人覃子豪瑣記之一〉[20]、洛夫(1928—)〈祭覃子豪〉[21]…等。其他未收入之相關文章，如向明〈詩的奧義與典範〉[22]、朱顏(錫侯)：〈"五人詩社"及《剪影集》的由來〉[23]、李華飛：〈隔海祭詩魂——憶覃子豪〉[24]等，數目更是驚人，對於筆者寫作資料的獲得助益良多，亦是瞭解詩人交遊與歷練的寶貴資料。

在《當代文學史料影像系統》裡覃子豪的相關評論資料，亦有五十五筆單篇文章，如楊牧(1940—)的〈覃子豪紀念〉[25]、莫渝(1948—)

17　《全國博碩士論文資訊網》　網址：http://datas.ncl.edu.tw/theabs/1/

18　蔡豔紅：《覃子豪詩藝研究》國立高雄師範大學，國文教學碩士論文，93 年 1月。

19　《國家圖書館遠距圖書服務系統·當代文學史料影像系統》
　　　　網址：http://readopac.ncl.edu.tw/html/frame11.htm

20　彭邦楨：〈巨星的殞落— 悼詩人覃子豪瑣記之一〉《文壇》41 期，1963 年 11月 1 日，頁 15—17。

21　洛夫：〈祭覃子豪〉《孤寂中的迴響》台北，東大圖書公司，1981 年 7 月。

22　向明：〈詩的奧義與典範〉，《乾坤詩刊》第八期，1998 年 10 月，頁 9—14。

23　朱顏(錫侯)：〈"五人詩社"及《剪影集》的由來〉，見《覃子豪紀念館落成專輯》，四川·廣漢市 ，廣漢市覃子豪紀念館籌建組，1988 年 6 月，頁 44。

24　李華飛：〈隔海祭詩魂——憶覃子豪〉，見北京，《新文學史料》三十四期，1987年 1 月 22 日。頁 153—158。

25　楊牧：〈覃子豪紀念〉《楊牧自選集》，台北，黎明文化公司，1975 年，頁 291

〈覃子豪論—追悼詩人逝世十五週年〉[26]，其他未收入的評論文章，如彭邦楨的〈覃子豪評傳〉[27]、流沙河〈跨海詩人覃子豪〉[28]…等，更是可觀。分別從各個角度對其相關創作或詩論作不同的解析與評論，以及論評覃子豪的為人或一生的成就。

蒐羅並整理這些詩人前輩學者專家的相關評論與傳記文章，對於全面性的了解覃子豪一生的生平經歷與創作歷程的關係，對本論文的完成與價值有決定性的影響與助益。

第三節：論文架構

前述研究動機筆者闡述，這本論文只是我對覃子豪探討與研究之興趣的開端。況且論文研究的目的，即在發見與修正前人之錯誤觀點或論證、以及論證之創新或亡佚資料之出土或新發現。因此，本論文既然為個人對覃子豪探討與研究興趣的開端，即循上述之觀點為本論文的主要架構：

第一章：〈緒論〉，敘述研究動機、文本檢討，包括文本檢討與前人研究成果之探討、與論文主要架構。

第二章：〈覃子豪的成長環境及其生平經歷〉，主要在分四個階段來探討覃子豪的成長環境及其生平經歷：一、在大陸成長與求學時期

　　　—304。

[26]　莫渝：〈覃子豪論—追悼詩人逝世十五週年〉《笠詩刊》，1979 年 2 月 15 日。頁 55—80。

[27]　彭邦楨：〈覃子豪評傳〉《覃子豪詩選》，香港，文藝風出版社，1987 年 3 月第一版，頁 229—258。

[28]　流沙河：〈跨海詩人覃子豪〉，《乾坤詩刊》第八期，1998 年 10 月，頁 15—18。

(1912-1935 年)：主要由 1.家世背景，2.幼年概況，3.赴北平求學，4.五人詩社與《剪影集》，5.航向日本。等五個部分敘述。二、留學東京時期(1935-1937 年)：主要由 1.初抵日本，2.窮困的留學生活，3.積極參加抗日詩歌運動，4.提前返國。等四個部份敘述。三、返國與抗戰時期(1937-1947 年)：由 1.參加留日學生訓練班，2.派赴東南前線，3.與邵秀峰女士結婚，4.出版《永安劫後》，5.二度赴台。等五個部分描述。四、遷台以後 (1947-1963 年)：由 1.島嶼間奔波，2.《新詩週刊》與《海洋詩抄》，3.籌組「藍星詩社」，4.與紀弦「現代派」論戰，5.赴菲律賓講學，6.病危，7.各界的追念。等七個部份詳述。以期在時空上了解詩人一生之經歷。

第三章：〈覃子豪現代詩創作歷程〉，主要以詩人創作詩集的相似與同質性，來分期探討其現代詩的創作歷程：一、〈撥動生命的絃〉時期—(《剪影集》、《生命的絃》)：由 1.青春的剪影，2.撥動生命的絃，3.小結。等三個部分敘述。二、〈戰爭的消息在催促著我〉時期—(《自由的旗》、《永安劫後》)：主要由 1.扛起民族追求自由的旗，2.永安浩劫，3.小結。等三個部分討論。三、〈嚮往〉時期—(《海洋詩抄》)：由 1.無限的嚮往，2.無盡的追求，3.小結。等三個部分探討。四、〈詩的播種者〉時期—(《向日葵》)：由 1.孤獨的旅人，並不寂寞，2.詩的播種者，3.小結。等三個部分探討。五、〈畫廊〉時期—(《畫廊》、〈雲屋〉、〈過黑髮橋〉)：由 1.第一階段：髮怒而目盲，2.第二階段：就讓星子們在我髮中營巢，3. 第三階段：夢想是被剪掉翅膀的天使，4.結語：生命和詩的結論。等四個部分討論。

第四章：〈與紀弦現代派的論戰 — 關於戰後台灣第一場現代詩論戰〉，主要是釐清並呈現戰後台灣第一場現代詩論戰來龍去脈：一、論戰的背景，二、論戰的緣起，三、批判的號角，四、覃子豪與紀弦的

論戰，五、其他助陣者，六、結語。等六個部分探討。

　　第五章：〈覃子豪與《藍星宜蘭分版》〉：因為《藍星宜蘭分版》年代久遠，幾已佚失，惟筆者因緣際會獲得珍貴的六期(缺一期)，亦是覃子豪主編的重要貢獻之一，值得探究：首先從一、《藍星宜蘭分版》的誕生，二、《藍星宜蘭分版》的出版情形，三、誰主編《藍星宜蘭分版》，四、美麗外遇的句點，五、結語。等五個部分探討。

　　第六章：〈《海洋詩抄》修辭技巧探究〉，由《海洋詩抄》的構思展開探述，再由詩作舉例探究其修辭技巧。

　　第七章：〈靈與真的特質〉，主要在探討覃子豪詩創作中靈與真的特質。

　　第八章：〈佚詩探索〉，主要在蒐羅探討覃子豪的佚詩為主。依所蒐集的佚詩分類：《自由的旗》部分；其他抗戰時期前後作品：再分(一)留學日本時期的詩作、(二)抗戰期間作品；出現在《自立晚報‧新詩週刊》者；以及其他部分的探討。

第二章：成長環境與生平經歷

　　覃子豪，四川省廣漢縣人，苗族，民國元年二月十二日[1]生於四川省廣漢縣連山鎮覃家溝[2]。譜名天才，學名基，後改名覃子豪。幾乎與民國同時誕生與成長，一生經歷與民國同樣充滿艱辛坎坷與傳奇，詩人在短短的五十二年生命當中，歷經赴京求學、留學日本與積極抗戰，並在東南省份奮鬥辦報、隻身滯台的一生刻苦經驗，然而其一生幾乎又與台灣現代詩的成長脫不了關係。在其生命中從不曾停止學習與成長，從不吝於貢獻其所學所長。

　　本章節的主旨，即在盡量完整呈現覃子豪一生的成長背景與生存

---

[1]　參照覃子豪摯友亦是重慶中央訓練團新聞研究班前後期同學洪兆鉞先生在〈千古文章未盡才——兼論覃子豪全集編纂的觀點與態度（一—四）〉（《中央日報》，民國 72 年 3 月 26 日至 3 月 29 日）指出：「、、、其次談到「詩人年表」，係由葉泥編撰，雖祇列舉事實，未作說明，但已爲覃氏傳記完了一初步架構，可資參考，　十分難得。不過，在第三輯出版後，曾有若干覃氏學經歷證件及手稿交由筆者保管，乃據以查對年表所列各項資料，發現與覃氏親筆填寫的「公務員履歷表」所載者頗多出入，其中較爲重大的，即覃氏出生日期，覃氏所填爲民國元年「二月」十二日，非年表所列「一月」（見全集第三輯頁三九九，及幼獅文藝二一六期頁四三）再證諸另一覃氏填寫的「大陸來臺國民調查表」，其出生日期亦爲「二月」則年表顯然有誤無疑。」
覃子豪的出生日期有數種說法，在《覃子豪全集 III》1974，雙十節出版前，覃子豪的在台同鑒好友幾乎都紀錄其生日是二月十二日：如謝冰瑩〈覃子豪〉《作家映象記》台北，三民書局，1967 年 1 月，頁 131-139。彭邦楨：〈巨星的殞落—悼詩人覃子豪瑣記之一〉《文壇》41 期，1963 年 11 月 1 日，頁 15—17。
在《覃子豪全集 III 》1974．雙十節出版後，幾乎都是以一月十二日記載，如：莫渝〈覃子豪論－追悼詩人逝世十五週年〉《笠詩刊》，1979 年 12 月 15 日，頁 55-80。彭邦楨：〈覃子豪小傳〉《覃子豪詩選》，香港，文藝風出版社，1987 年 3 月第一版，頁 281-282。覃子川：〈覃子豪詩選序〉《覃子豪詩選》，北京，中國友誼出版公司，1984 年 8 月第一版，頁 1-9。
[2]　一九八八年二月四川省廣漢縣改爲廣漢市現由德陽市代管。

環境及其一生艱辛的經歷，繼而探討其對於詩人創作的影響：

第一節：成長與求學時期(1912-1935 年)

壹：家世背景

　　覃子豪原祖籍湖南沅陵苗族人，地偏湘西。其先人於明朝末年時遷徙四川，一支定居廣漢縣連山鎮之群山中，遂名覃家溝。廣漢縣三星鎮即是著名的三星堆四千五百年歷史文物出土之所在地。覃家原來赤貧，其祖母曾因向地主借錢受辱而上吊慘死。直到父親明谷（號裕興）長大，始含憤出山在廣漢縣城內與人學藝作徒，而後乃賣糖、開鞋舖營商，盈餘而置田產百餘畝。覃子豪兩歲喪母，由繼母張愛媛女士撫養長大，其繼母出生書香門第，不僅知書達禮，且能詩詞、擅醫理、工刺繡、、、將詩人教育成人且視如己出。[3]

　　覃子豪兄弟姊妹十人，居長，有異母弟天富，號處謙，後更名漢川，筆名葛兮，聞其在抗戰時已享有文名，一九八四年二月逝於上海。三弟天祥，十七歲時病歿。四弟天恩，號錫之，更名陽雲，筆名羊翬，一九二四年生，爲中國作家協會會員，居武漢。五弟天熙，是製鞋手工藝者，唯他居留廣漢。大妹淑芳，曾任小學教員。二妹淑蓉，曾任中學教員。三妹淑輝與四妹淑君，均爲工廠幹部。此外，另有一姐，

[3]　彭邦楨：《覃子豪詩選》·〈覃子豪小傳〉，香港，文藝風出版社，1987 年 3 月第一版，頁 281—282。

唯不幸於三歲時夭折。[4]

貳：幼年生活

詩人自幼聰穎異常，八歲即喜歡背誦詩詞歌賦，尤其喜愛「詩仙」李白之作。小學畢業後，十五歲就讀廣漢縣中學，據說當時他不僅文筆超群，而且擅長繪畫與刻印，曾主編壁報並親自設計刊頭與插畫。十七歲時考取成都成城中學(高中)，並嘗試投稿成都報刊，開始嶄露頭角。

參：赴北平求學

民國二十一年成都成城中學畢業後，出川轉學入北平中法大學孔德學院(社會科學院亦稱文學分院)高中部二年級補習法文，後正式考入中法大學孔德學院，始接觸西洋文學。與賈芝同班，周麟與朱顏在高三，沈毅則在大學部二年級讀哲學，後來這五位詩友組成了五人詩社，並共同出版《剪影集》。[5]

民國初年黨國大老吳稚暉(1869—1953)、蔡元培(1867—1940)與李石曾(1881—1973)等人，成立「華法教育會」並在法國推動「勤工儉學」運動，在法國里昂與中國北京分別成立「中法大學」，並有高中部(預科)讓學生在正式考試入學前先行補習法文，並於北京中法大學讀書兩年後，再留學法國里昂的中法大學兩年，爲正式的大學學制。一

---

[4]　彭邦楨：《覃子豪詩選》・〈覃子豪小傳〉：頁 281—282。
[5]　朱顏(錫侯)：〈 "五人詩社" 及《剪影集》的由來〉，見《覃子豪紀念館落成專輯》，四川・廣漢市 ，廣漢市覃子豪紀念館籌建組，1988 年 6 月，頁 44。

如民初的清華大學與前身「清華學堂」皆有預科補習英文是爲留學美
國作準備一般。

覃子豪在這時期喜愛閱讀國內詩人徐志摩(1895—1931)、穆木天
和新月派的詩作；國外詩人則有英國浪漫派詩人拜倫(Lord Byron
1788—1824)、法國浪漫派詩人雨果(Victor Hugo1802—1885)與象徵派
詩人魏爾崙、波特萊爾(Ch. Baudelaire, 1821—1867)、馬拉美(**Stephane**
Mallarmé　1842—1898)、藍波(Archur Rimbaud1854—1891)諸人的詩
作，並終生受其影響。又參加由夏奇峰（經權）、蔣代燕組織之「讀書
會」，此時開始創作新詩。他不僅喜愛朗誦英國浪漫派詩人拜倫之〈哀
希臘〉，又第一個傳抄「狂飆社」的左傾詩人柯仲平(1902～1964)寫於
獄中之〈鐵窗之歌〉。[6]

肆：五人詩社與《剪影集》

民國二十三年時更與同學朱顏（錫候）、賈芝、沈毅、周麟組織「五
人詩社」名爲「泉社」，規定每週每人寫詩一、兩首，每星期六晚上開
會互相切磋研究討論，並曾計畫出版「泉社叢書」後因同學紛紛出國
留學而作罷，僅在分別前每人提出兩首詩作，出版了一冊詩集《剪影
集》作爲紀念，而《剪影集》共印封面綠皮本五十冊爲紀念本；封面
印黃皮本一百五十冊爲出售本。而覃子豪的兩首詩〈竹林之歌〉與〈我
的夢〉[7]被排到卷首，可見其詩作在同輩間所受到的重視。[8]

---

[6] 關志昌：〈覃子豪〉《傳記文學》五十六期，台北，傳記文學出版社，1980 年 3
　　月。

[7] 此二首詩後被作者收入《生命的弦》，見《覃子豪全集Ⅰ》台北，覃子豪全集出
　　版委員會，1965・詩人節。頁 16、17。

[8] 賈芝：〈憶詩友覃子豪〉，見《新文學史料》四十期，1988 年 8 月 22 日。頁 115

伍：航向日本

民國二十四年三月間，因詩友李華飛即將赴日本留學，而來向覃子豪告別，豪爽的覃子豪聽後非常興奮，臨時起意：「一路去，你要他們給我添個名字。」[9]

二人結伴而行，尚來不及通知四川的家人，不久即搭晚班車前往塘沽，轉搭「上海丸」輪船，依依不捨的揮別了送行的詩友、同學，懷著忐忑不安與滿懷留學夢憧憬的心情，航向一個未知的國度——日本。

第二節： 留學東京時期 （1935-1937 年）

壹：初抵日本

覃子豪等人搭乘「上海丸」輪船緩緩離開渤海灣，經過數日海上的顛簸，終於抵達中、日馬關條約的簽署地馬關對面的九州門司，詩人們面對歷史的傷口與日本帝國主義的欺凌，頓時感慨中國的積弱與心中的不平。不久，旋即搭乘火車抵達東京，經友人羅永麟介紹，租住在小石川區的白山寄宿舍。次日，入日本東京神堡町東亞日語補習

—118。

[9] 李華飛：〈隔海祭詩魂—憶覃子豪〉，見《新文學史料》三十四期，1987 年 1 月 22 日。頁 153—158。

學校，補習日語，為考大學做準備。[10] 繼而考入東京中央大學法科深造，主修政治經濟，課餘時間幾乎全心全力花在讀詩、寫詩與譯詩上面。

貳：窮困的留學生活

由於覃子豪是「臨時起意」前往日本，雖然離川前有向父親表達留學日本的打算，但終究事前未得到父母的許可，所以其母親在回信中表示沒錢匯給他，甚至託言「父親病的很重，壽木已經做好了，要我動身回國趕回家，路費向朋友告貸。」[11]

幸虧經由李華飛等多位留學生朋友的幫助，得以暫時維持經濟。他發奮節約，每個星期天寫一篇文章賺稿費彌補，並要在半年內學會日語以考取大學，藉以獲得父母的支持諒解與經濟援助。果然，覃子豪的努力沒有白費，半年後不僅日文讀、講都可應付自如，並且考取了中央大學，並且獲得了父母的諒解與經濟支援。但是雖然如此「家裡好久好久才會一次錢來。同時，自己太愛買書，對於用錢毫無節制，因此常常深活在窮困之中。」[12]

留學日本時期，他曾熱烈的追求「留學生之花」陶映霞女士，然而詩人的生活是非常窮困的，困頓使他的感情生活也相對失色與失敗，他在《東京回憶散記》回憶這一段時期的心情：「窮困，帶給我極大的苦惱，把我寶貴的青春，埋沒於寂寞的工作之中，讓它無聲的逝去；讓熱情的花朵凋謝在異國的土地上，只留下一粒種子在我不死的

---

[10]　李華飛：〈隔海祭詩魂—憶覃子豪〉：頁 153—158。

[11]　《覃子豪全集Ⅲ》：頁 296。

[12]　《覃子豪全集Ⅲ》：頁 299。

心中，希望在未來開出美麗的花。」[13]

參：積極參加抗日詩歌運動

在東京，詩人與林林、柳倩(劉智明)、雷石榆(1911—1996)、王亞平等人從事新詩與政治運動，並經由羅永麟的介紹與李華飛一同參加東京的「詩歌社」，並先後在《詩歌》與《詩歌生活》發表振奮中國人心與影射日本侵略野心的詩作，如〈大地在動〉、〈少年軍進行曲〉…等。

並與「詩歌社」的成員李春潮、賈植芳(1915—)等人籌辦一個大型刊物《文海》，據李華飛的回憶：「…由李春潮負責組織，子豪和我負責編輯，永麟和李虹霓核審譯稿。一九三六年春天，請郭沫若(1892—1978)先生命名《文海》，並召開座談會，與二十多位同仁會餐。創刊號有小說、散文、詩歌、評論、翻譯等共三十多篇。郭老與秋田雨雀先生還爲《文海》寫了稿。"獻詞"代發刊辭，由子豪執筆，我寫了編後，編竣后由虹霓兄弟帶到上海交"太平洋印制公司"印刷，一九三六年八月十五日出版，候楓兄經營的"上海聯合出版社"總經售。」[14]但《文海》僅僅出刊一期，即爲日本警察沒收，並受到東京警視廳亞細亞特高系之刑事（特務）監視。

二十五年秋，覃子豪與李華飛、朱寒衣造訪流亡日本住在東京近郊千葉縣的郭沫若（鼎堂），四人合影留念，其才華與爽朗熱情的詩人特質，更深爲郭沫若所欣賞。而他後來回國參加抗戰，繼而在武漢由

---

[13]　《覃子豪全集 II》：頁 299。
[14]　李華飛：〈隔海祭詩魂—憶覃子豪〉：頁 153—158

中央軍事委員會第三廳派赴前線工作，應與當時擔任中將廳長的郭沫若相識有關。

肆：提前返國

二十六年夏，於抗戰前夕，由於許多同學因寫作諷刺日本軍國主義與參與政治活動而陸續被日本特務監視與逮捕，因此，覃子豪在一次日本特務的有驚無險的查訪後，深知處境危險，遂於三日後從橫濱搭乘美國麥克萊號郵船離開日本返回上海。

第三節：返國與抗戰時期(1937-1947 年)

壹：參加留日學生訓練班

覃子豪返回上海不久，民國二十六年七月七日在北京城郊發生盧溝橋事變，抗日戰爭於焉展開，詩人毅然參加教育部辦的留日學生訓練班第一期，積極參與對日抗戰。

教育部通知留日學生訓練班至南京報到集中受訓，初遷武漢、再遷江陵、後來又回到武漢。後來因戰事吃緊，恰巧郭沫若歸國，並主持政治部第三廳工作，於是留日學生訓練班在訓練八個月後，提前結訓並分派工作。[15]

---

[15] 黎央：〈回憶詩人覃子豪〉，見《覃子豪紀念館落成專輯》，四川‧廣漢市 ，廣

貳：派赴東南前線

二十七年三月，「中華全國文藝界抗敵協會」（簡稱「文協」）成立於漢口，加入為會員，並在該會會刊《抗戰文藝》發表抗日詩篇，所作詩情豪邁，充滿時代激情。期間並參與籌組詩社，名「詩時代社」，後把「詩時代社」香火帶到東南前線。並在東南前線創辦並主編《詩時代》雙週刊達三年多，共一百多期。

二十七年秋，軍事委員會（委員長蔣中正）政治部（部長陳誠，副部長周恩來、黃琪翔）第三廳（中將廳長郭沫若）任為浙江前線《掃蕩簡報》編輯，是時又創辦小型畫報《東方週報》，積極宣傳抗戰，倡導詩歌運動。[16]

覃子豪在東南前線工作期間，曾在宦鄉（鑫毅）主持之江西上饒《前線日報》上主編《詩時代》週刊，並闢新詩創作批改及解說專欄。二十八年七月調入重慶沙坪壩中央訓練團新聞研究班第一期受訓，並在兩個月期滿結業後的九月十日調浙江陸軍第八十六軍主編軍報《掃蕩簡報》，後改名《八六簡報》，掛中校軍階。不久，集結這期間的二十五首詩創作在前線浙江金華的青年書店出版鼓吹抗戰的詩集《自由的旗》，詩集出版後不久即銷售一空，隨即在次年增加四首詩作由浙江金華的「詩時代社」再版。對於當時振奮東南戰線的抗日人心，有非常顯著的貢獻。

三十年十月，與馮玉祥（煥章）、田漢（壽昌），郭沫若等署名發

漢市覃子豪紀念館籌建組，1988 年 6 月，頁 65。
[16] 關志昌：〈覃子豪〉《傳記文學》56 期，台北，傳記文學出版社，1980 年 3 月。

表〈中國詩歌界致蘇聯詩人及蘇聯人民書〉；同年，在浙江金華「青年
書店」出版譯詩集《裴多菲詩》。

參：與邵秀峰女士結婚

三十一年任第三戰區司令長官部（司令長官顧祝同）政治部設計
委員兼第八十六軍「八六簡報社」社長。同年與同任編輯的同事邵秀
峰女士在浙江金華結婚。婚後不久，於民國三十二年，辭卸軍職，長
女海茵出生於福建漳州。

肆：出版《永安劫後》

三十三年四月，來到福建永安，在朋友家看到畫家薩一佛的《永
安劫後》素描畫展的目錄。因永安於三十二年十一月四日遭受日機猛
烈轟炸，傷亡慘重，覃子豪看畢畫稿，百感交集，決定每幅畫配新詩
一首。詩人在〈我怎樣寫《永安劫後》？〉記云：「最引起我注意的，
是一幅題爲〈傷悼〉的素描。那陰沉的畫面，給我印象很深：那一個
失去了什麼親人或朋友的孤獨的人，他孤寂地，好像獨立於蒼茫的黃
昏之中，頹喪地凝視著將要入土的棺材，心裡是充滿了悼念的悲哀。
我凝思片刻之後，我寫成了約有二十行的一篇詩。這篇詩，就是我寫
《永安劫後》的開端。全詩寫成，一共花了一個禮拜。畫共四十三幅，
而我寫了四十五首詩。……在技術上，它必須是通俗的，讓一般的觀
眾都能了解。」[17]

---

[17] 《覃子豪全集 I》：頁 100—102。

同月在永安舉行《永安劫後》詩畫合展，美國新聞處藍德參觀後譽爲「中國的新興藝術」，「在中國所見到以最現實的題材的藝術，還是第一次」，準備將部分畫製成膠片，將詩譯成英文，寄返美國發表。展畢，先後移至漳州、晉江等地展出，頗獲好評。同年任福建漳州《閩南新報》主筆兼編副刊《海防》。

三十四年一月二十八日，覃子豪在福建漳州創辦「南風文藝社」。四月，主編福建龍溪《警報》副刊《鐘聲》。五月，由漳州「南風出版社」出版散文集《東京回憶散記》，同月撰「永安劫後」自序；六月，亦由漳州「南風出版社」出版詩集《永安劫後》，收詩四十四首，詩人在自序裡說：「本書出版最遺憾的是：由於不能製版的關係，畫不能和詩合冊一起出版。不然，讀者會從畫面去認識詩底深刻性，從詩裏去認識畫底含義。」[18] 以未能詩畫合輯視爲遺憾。

民國三十四年八月，抗戰勝利後由漳州至廈門原想創辦《太平洋日報》，但是經濟條件不足只辦成《太平洋晚報》，爲報刊寫作詩歌與政論文章。不久，竟不能維持發行，遂結束營業。

伍：二度赴台

民國三十五年五月由廈門經香港乘機帆船第一次至台灣謀職，卻不順利。兩個月後再經香港返回廈門時已經是十二月，而且「衣衫破蔽、窮苦潦倒」[19]，次女露露也早已經出生了。

民國三十六年初春，全家返回上海依親(妻叔，辛亥革命元老邵元

---

[18] 《覃子豪全集 I》：頁 55。
[19] 邵秀峰女士語，見〈邵秀峰心中的覃子豪〉，台北，中央日報副刊，1993 年 10月 9 日。

沖)。夫人後回湖州娘家安頓。後在邵府經魏道明(民國三十六年中接
任第一任台灣省主席)夫人鄭毓秀博士介紹,方始獲得臺灣省物資調節
委員會專員職務。十二月攜夫人及次女露露來臺,赴台北就任臺灣省
物資調節委員會專員。

　　民國三十七年冬天因長女海茵於湖州娘家生病,夫人攜
次女返回大陸照顧,卻從此兩地相隔、音訊全無。大陸淪陷後,次女
露露寄人領養,夫人畢業於震旦大學經濟系後,方獲得工作分配。

第四節: 遷台以後 (1947-1963 年)

壹:島嶼間奔波

　　覃子豪渡臺後,擔任物質調節委員會專員。民國三十八年十一月
調任臺灣省物資調節委員會臺中辦事處第二課課長。民國三十九年八
月出差至花蓮,於花蓮港寫下著名的短詩〈追求〉。民國四十年六月出
差至澎湖、馬公港;六月、七月出差至大陳島;八月回到高雄,陸續
醞釀完成《海洋詩抄》詩作。

貳:《新詩週刊》與《海洋詩抄》

　　民國四十一年三月任臺灣省政府糧食局督導員。五月十八日起,
從葛賢寧、鍾鼎文、紀弦手中接編借《自立晚報》出版的《新詩週刊》,
自第二十八期至民國四十二年九月十四日第九十四期改版止。

　　民國四十二年四月，以「新詩週刊社」的名義出版在臺灣第一部詩集《海洋詩抄》，共收詩作四十七首，附有〈題記〉及自畫插畫十幅；六月十五日，「中國文藝協會」舉行詩人節晚會，節目之一為由陳紀瀅「口頭詩評」，評覃子豪之《海洋詩抄》。十月任中華文藝函授學校（校長李辰冬）詩歌班教授。

參：籌組「藍星詩社」

　　民國四十三年三月與詩友鍾鼎文、余光中、鄧禹平、夏菁等人創設詩社，眾採先生建議以「藍星」為名。藍星詩社於焉誕生。三月加入中國文藝協會。六月十七日於《公論報》創刊《藍星詩週刊》，每週五出刊，《藍星週刊》由「藍星詩社」具名主編，實際編務由覃子豪負責，其後余光中加入編輯工作，「藍星詩社」初期社員有覃子豪、鍾鼎文、余光中、夏菁、蓉子、鄧禹平、吳望堯等人。八月，撰《向日葵》題記於臺北，自言「《向日葵》是我苦悶的投影，這投影就是我尋覓的方向。」九月出版詩集《向日葵》共有詩作二十三首，由藍星詩社印行，列為「藍星詩叢」之一。十月受聘為中國文藝協會理事會設計委員會常務委員。十一月十九日當選中國青年寫作協會第二屆理事及出版組組長。

　　民國四十四年八月受聘為中國文藝協會文藝創作委員會副主任委員。九月受聘為中國青年寫作協會詩歌研究委員會主任委員。

　　民國四十五年三月受聘為國防部總政治部文藝獎評審委員。六月受聘為中國文藝協會文學創作委員會副主任委員。八月擔任中國青年反共救國團暑期青年戰鬥訓練總隊文藝隊教授。九月當選中國青年寫

作協會第四屆理事，並任該會詩歌研究委員會主任委員。

肆：與紀弦「現代派」論戰

　　民國四十六年六月受聘為中國青年反共救國團暑期青年戰鬥訓練總隊駿馬大隊文藝隊輔導委員會委員。六月發起成立「中國詩人聯誼會」，當選常務委員；兼輔導組長。

　　八月二十日，《藍星詩選》創刊，任主編並發表〈新詩向何處去〉一文，對以紀弦為首之「現代派」所提出之「六大信條」作出批評，指出：「詩人們懷疑完全標榜西洋的詩派，是否能和中國特殊的社會生活所契合，是一個問題。」又云：「若全部為橫的移植，將自已植根於何處？」覃子豪提出以「六原則」取代「六大信條」：「1.詩之再認識：以「詩的意義就在於注視人生本身及人生事象，表現出一種嶄新人生境界」；2.創作態度要重新考慮：考慮「在作者和讀者兩座懸崖之間，尋得兩者都能望見的焦點，這是作者和讀者溝通心靈的橋梁」；3.重視實質及表現之完美；4.尋求詩之思想根源；5.從準確中求新之出現；6.風格乃自我創造之完成。」覃子豪之「六原則」引來紀弦兩篇兩萬餘字長文〈從現代主義到新現代主義〉、〈對於所謂六原則之批判〉，覃子豪發表〈關於新現代主義〉予以駁斥。十一月受聘為文壇函授學校教授。

　　四十七年一月，將在《中華文藝》月刊發表之詩論文章結集由「藍星詩社」具名出版《詩的解剖》一書，其中大多數以立意、內容、結構、句法、節奏、形象、意境、修改等等幾個方面對新詩詳加剖析、評述；三月，由高雄「大業書店」出版譯詩集《法蘭西詩選》第一集，封面是由廖末林設計。七月，為慶祝《藍星週刊》二百期紀念，「藍星

詩社」假中山堂頒發詩獎座由楊英風設計的「藍星詩獎」給吳望堯、
黃用、瘂弦、羅門等四人，由覃子豪任大會主席，梁實秋主持頒獎，
余光中致詞。同年任「中國文藝協會」詩歌創作研究委員會副主任委
員。

　　四十九年十一月，由「藍星詩社」具名出版詩論集《論現代詩》，
本書第三輯爲《創作評介》，評介臺灣年輕詩人瘂弦（王慶麟）、黃用、
鄭愁予、蓉子、吳望堯、羅門等人之詩作，對於臺灣現代詩之發展頗
具推介作用。

　　五十年六月十五日，《藍星季刊》創刊，任主編。

伍：赴菲律賓講學

　　五十一年四月，應行政院僑務委員會之聘，前往菲律賓華僑青年
暑期文藝講習班主持「現代詩講座」，講座歷時五週。同月收詩作三十
一首由「藍星詩社」掛名出版詩集《畫廊》。彭邦楨〈論《瓶之存在》〉
云：「《畫廊》出版，已使覃子豪由古典、浪漫、象徵的過程而進入現
代的基礎。」[20]覃子豪晚期詩作，格調低沉，對人生充滿虛空與迷惑，
由積極之浪漫主義走向象徵主義以至神秘主義。六月，由菲島返回臺
灣。

陸：病危

　　五十二年三月，因病入臺大醫院檢查，初說是黃疸病、肝病、肝

---

[20] 彭邦楨：《覃子豪詩選》，香港，文藝風出版社，1987 年 3 月第一版。

癌，後斷為膽道癌；四月，開刀將膽囊割除；十月十日零時二十分，病逝臺北，得年五十二歲。好友與學生們組治喪委員會，由鍾鼎文任主任委員，彭邦楨任總幹事。

十月十五日上午十時於臺北市極樂殯儀館上天廳舉行公祭及追悼會，蔣故總統　經國先生曾親往致祭。並舉行「追思詩人覃子豪先生遺作朗誦」，典禮備極哀榮。十一時火葬，骨灰暫存臺北市善導寺。俟異日歸葬四川原籍。

柒：各界的追念

由鍾鼎文、彭邦楨、葉泥、瘂弦、辛鬱、楚戈、西蒙、洪兆鉞等組成「《覃子豪全集》出版委員會」，於五十四年六月四日詩人節出版由葉泥、辛鬱等共同主編的《覃子豪全集》第一輯；五十七年五月三十一日詩人節續出版《覃子豪全集》第二輯；六十三年十月十日於覃子豪逝世十一週年紀念日續出《覃子豪全集》第三輯。

六十七年六月十日詩人節，眾詩友、學生以歸葬無期，由吳望堯捐贈墓地，安葬詩人於臺北縣新店市安坑龍泉墓園的無錫公墓，墓碑鐫刻「詩人覃子豪之墓」。

七十二年十月二十日，《藍星詩刊》第十七期編印「詩人覃子豪逝世二十週年紀念專輯」，又由羅門請何恒雄教授雕塑覃子豪頭部銅像一座，立於詩人墓上。

七十三年三月，香港「文藝風出版社」出版《覃子豪詩選》（收詩近百首，彭邦楨編選，列為「台灣文叢」之一）。同年，北平「中國友誼出版公司」印行《覃子豪詩選》。

七十五年，「重慶人民出版社」出版《覃子豪詩粹》，「湖南文藝出

版社」出版覃子豪詩集《沒有消逝的號角》。

　　民國七十七年四川廣漢人民在廣漢市房湖公園為他建立覃子豪紀念館和大理石塑像。成為當代兩岸同時皆有民眾主動設立紀念雕像的第一位現代詩人。[21]

---

[21] 本文主要參考：

《覃子豪全集Ⅰ》　台北，覃子豪全集出版委員會，1965・詩人節。

《覃子豪全集Ⅱ》　台北，覃子豪全集出版委員會，1968・詩人節。

《覃子豪全集Ⅲ》　台北，覃子豪全集出版委員會，1974・雙十節。

莫渝：〈覃子豪論—追悼詩人逝世十五週年〉《笠詩刊》，1979 年 2 月 15 日。頁 55—80。

關志昌：〈覃子豪〉《傳記文學》五十六期，台北，傳記文學出版社，1980 年 3 月。

莫渝：〈永恆的牧神—覃子豪論〉《走在文學邊緣》，台北，台灣商務印書館，1981 年 8 月初版。頁 332。

洪兆鉞：〈千古文章未盡才—兼論覃子豪全集編纂的觀點與態度(一 — 四)〉，刊《中央日報》，1983 年 3 月 26 日至 3 月 29 日。

李華飛：〈隔海祭詩魂——憶覃子豪〉，見北京《新文學史料》三十四期，1987 年 1 月 22 日。頁 153—158。

彭邦楨：《覃子豪詩選》・〈覃子豪評傳〉，香港，文藝風出版社，1987 年 3 月第一版。頁 229—258。

賈芝：〈憶詩友覃子豪〉，見北京《新文學史料》四十期，1988 年 8 月 22 日。頁 115—118。

向明：〈覃子豪先生年表〉，《文訊月刊》第十四期，台北文訊月刊社。1983 年 10 月。頁 291—296。

第三章：現代詩創作歷程

覃子豪現代詩的創作與創作歷程，皆非常精采而生動，這與他一生的苦難生活經驗與背景有關。從二十年代初期開始，第一次出川到北京求學，就展開始了他一生艱苦奮鬥的「詩生活」。

然後出國遠赴日本東京當窮留學生，到提前返國參加抗戰，與赴東南前線當一個文化戰士，最後羈留台灣，為台灣現代詩播種等等經歷。皆跟其精采而與時俱進的創作經歷一樣，都是值得探討的過程。

他的生命歷程與創作經歷，似乎就是民國初期社會苦難的縮影，從他留下的詩作與創作背景及創作歷程來對照，亦是中國現代詩掙扎與奮鬥實驗創造的過程。

本章的目的，即是在呈現與驗證此種看法。

第一節：〈撥動生命的絃〉時期

——（《剪影集》、《生命的絃》）

這裡指述的〈撥動生命的絃〉時期，是指覃子豪在大陸成長與求學時期，以詩人與同學朱顏（錫候）、賈芝、沈毅、周麟等組織「五人詩社」名為「泉社」而共同出版的《剪影集》與詩人在全集中遺留的

《生命的絃》詩集的創作背景爲探討對象。而以《生命的絃》其中一首詩〈撥動生命的絃〉爲這個創作階段的代表主題，意爲作者正開始嘗試撥動其「青春的」與「創作的」生命的琴弦。

壹、青春的剪影

覃子豪民國二十一年於成都成城中學畢業後，出川轉學入北平阜城門外的中法大學孔德學院(是社會科學院亦稱文學分院)高中部二年級補習法文，後正式考入中法大學孔德學院開始接觸西洋文學。與賈芝同班，周麟與朱顏在高三，沈毅則在大學部二年級研讀哲學。[1]

覃子豪在這一期間喜愛閱讀國內詩人徐志摩、穆木天和新月派的詩作；國外詩人則有英國浪漫派詩人拜倫、法國浪漫派詩人雨果與象徵派詩人魏爾崙、波特萊爾、馬拉美、藍波諸人的詩作，並終生受其影響。

民國二十三年時更與同學朱顏（錫候）、賈芝、沈毅、周麟組織「五人詩社」名爲「泉社」，相約每週每人寫詩一、兩首，每星期六晚上開會互相切磋討論，並曾計畫出版「泉社叢書」。後因同學紛紛出國留學而作罷，僅在分別前每人提出兩首詩作，出版了一冊詩集《剪影集》作爲紀念，而《剪影集》共印封面綠皮本五十冊爲紀念本；封面印黃皮本一百五十冊爲出售本。而覃子豪的兩首詩〈竹林之歌〉與〈我的夢〉[2]被排到卷首，可見其詩作在同輩間所受到的重視。

---

[1]　朱顏(錫侯)：〈"五人詩社"及《剪影集》的由來〉，見《覃子豪紀念館落成專輯》，四川‧廣漢市　，廣漢市覃子豪紀念館籌建組，1988 年 6 月，頁 44。

[2]　此二首詩後被作者收入《生命的弦》，見《覃子豪全集 I 》台北，覃子豪全集出版委員會，1965‧詩人節。頁 16—17。

　　覃子豪在北平就學期間結識了終生的詩友鍾鼎文，鍾鼎文告訴他一路乘船至天津之所見，海潮因黃河泥沙與海洋深淺的影響而呈現黃、藍、綠的奇景，而引發了覃子豪的好奇與嚮往。遂於民國二十二年五月旅行至芝罘，六月旅遊煙臺，七月遊玩青島，再返回北平。四川廣漢深山裡的孩子，初次看到了日夜憧憬嚮往的大海，廣袤的海洋、澎湃的潮水深深震撼著詩人純真的心靈，一路所見所聞皆有詩作產生。

　　《剪影集》裡的兩首詩〈竹林之歌〉與〈我的夢〉即是在青島旅途中完成的，充滿著鄉思與少年情竇初開的意境。如〈我的夢〉：

　　　　我的夢
　　　　在破碎的石子路上
　　　　有村女的笑聲
　　　　有田中的稻香

　　　　我的夢
　　　　在靜靜的海濱
　　　　有海藻的香味
　　　　有星，有月，有白雲

　　　　我的夢
　　　　在我破舊的筆桿上
　　　　有單戀的情味
　　　　有淚珠的輝芒

　　〈我的夢〉這首詩的第一段充滿著懷鄉病的意味；第二段則是詩

人開始喜歡上了海 ——我的夢,漸漸「有海藻的香味」;第三段則有少年情竇初開卻因單戀而有「淚珠的輝芒」。我們從這首詩可以看出詩人此時的心境,就如同我們年少輕狂、情竇初開時「為賦新詞強說愁」的心情一般。

作者此詩中的「輝芒」用得好,充滿著淡淡輕愁與微妙的年少心情。若是一般的作者,或許只會用「光芒」吧!則此詩將失色不少。由此可見詩人當時詩句即已有能創新的功力。

貳、撥動生命的琴絃

《剪影集》與《生命的絃》皆是同一時期之作品,《剪影集》是正式出版的五人合集;《生命的絃》沒有正式單獨出版,後來收入《覃子豪全集Ⅰ》中。《剪影集》裡覃子豪的兩首詩〈竹林之歌〉與〈我的夢〉卻是收入在《生命的絃》當中的。

《生命的絃》這段時期的寫作背景,在時間上自民國二十二年三月至二十五年七月;在地理空間上,從北平到山東的芝罘、烟台和青島,和到日本的東京和伊東。共收入詩二十九首,散文〈白色的篇幅〉一篇。

從《生命的絃》詩中與〈白色的篇幅〉內容裡,我們可以清楚看見詩人這段時期的生活態度與創作思想背景。二十歲出頭的年輕詩人,正值年少輕狂、情竇初開,但是生活卻不盡如意:一方面外在環境日本軍閥不斷的侵擾,例如:國內剛完成北伐戰爭,清除了軍閥割據的局面,國力仍積弱不繼、暫無力抗日之際,民國十七年日軍挑起在山東屠殺的「五三濟南慘案」、民國二十年侵略東北的「九一八事

變」、民國二十一年日本爲了轉移國際視聽，並威脅我國放棄東北領土，就密謀向中國沿海最大的城市上海發動軍事進攻的「一二八事變」等等，皆屬於外國諸多不平等條約仍凌遲著中國的因素；另一方面政治上國共的鬥爭，社會階層與文化報紙出版界多有共黨份子滲透把持，年輕人的思想容易受其積極宣傳的抗日假象所影響而燃起同情的心理。種種因素，都造成社會大環境的動盪不安與群眾惶惶的心理。

他在寫給同學的一首詩〈寄寧速〉裡描繪著那時代共同的心聲：

我們曾經一同浴在黃昏的薄幕裡

唱著夕暮之歌，祈禱星星的光明

你夢想著女神，夢想著美與真

夢想著一隻金船航來，踏著輕韻

我將淚和血灌溉一株美麗的薔薇

爲愛那迷人的芳香，有刺的花蕾

然而，一切詩的理想都被摧毀了

惡魔將我們的靈魂投入鐵的監牢

現在，毒和血都塗滿了我們的身上

你不要滿足，鐵門外漏進的一線陽光　── 二十四年一月十五日[3]

年輕的夥伴們曾經一同做著絢爛的夢，有著美麗的憧憬，嚮往繽紛的愛情。但是如前述惡劣的大環境把年輕人的

---

[3] 見《覃子豪全集Ⅰ》：頁34。

「靈魂投入鐵的監牢」，雖然國家的前途仍露出了一些希望，但是我們不能就此滿足，仍需努力奮鬥啊。

　　詩人在這種內外交煎的社會形勢與離鄉背井的環境下，生活與心理的苦悶和壓抑可想而知。他在〈白色的篇幅〉裡寫到：

> 「沉默」「孤獨」「悲哀」這些字彙，我是很了解他們的意義的，原因是：我有個時期，身病而心又病的時候同他們有過很好的交道。……
>
> 我的身體瘦弱，臉色蒼白，嘴唇被「沉默」封禁著。啊，這就是我的少年的青春的表象──一種世紀末的人所有的氣質。陰暗的氣氛包圍著我，我的心漸漸地染著濃的感傷氣氛，蒙上淡淡的厭世色調。……

又說：

> 奇怪的，常常有種無名的情緒像海潮一樣襲擊著我的內心，於是，我想把這年少的對於人生的輕微的感觸發舒出來。因為，那裡面有著不可抑制的熱情，愛和恨的糾葛，理想與現實織成的夢幻，眼淚凍結的冰花，激昂的情緒燃燒著的火焰。然而，這些錯綜的難以抑制的情緒又向誰來申訴，又向誰來發洩啊？於是，我想寫，我提起了筆……[4]

　　生活在動盪的大時代的人們，充滿愛和恨的糾葛，鬱悶的情緒卻無處宣洩的苦；充滿著理想與報負，卻報國無門的苦，於是胸中充滿著「激昂的情緒燃燒著的火焰」！只好提起了筆抒發胸臆，這筆一提

---

[4] 見《覃子豪全集Ⅰ》：頁44。

起，從此就不曾放下過，就寫進一生的無止盡的奮鬥。

參、小結

　　苦痛的日子造成的苦悶的心理，終於在他再次的離鄉背井遠赴日本求學後得到緩解，一方面是環境的改變帶來自身的覺醒與成長，一方面是洞燭了日本積極侵華的陰謀。於是他在〈白色的篇幅〉最後寫到：

> 去吧！憂鬱的日子啊！我要的是太陽的光輝，我要的是健康的身心，我要的是勇氣和熱情。像一個秣馬厲兵的戰士一樣，我鍛鍊著我的身心，我讀著最強力的書，我練習著種種的運動：游泳、騎馬、射擊、划船，在這之中，我得到了不曾享受過的快活。……
>
> 我的兩臂黑了，我的胸膛豐滿，在心的僻地裡，我除盡了感傷的草，在培植血紅的花。[5]

　　這個時期覃子豪的詩風，由其留下的作品來看，很明顯的受到了新月派與浪漫主義的影響，充滿著抒情的、感傷的筆調。但不是無病呻吟的，而是充分表現個人生活歷練與心靈活動之寫實的意味與獨有的個人的風格。

---

[5]見《覃子豪全集Ⅰ》：頁46。

第二節：〈戰爭的消息在催促著我〉時期

—（《自由的旗》、《永安劫後》）

　　覃子豪在日本留學期間，感受日本軍閥積極準備侵華的意圖與野心，由於激憤，常於詩作中透露沉痛與不滿。所以積極參加抗日詩歌運動，並寫下不少諷刺或仇日的詩作，例如：〈大地在動〉〈黑暗的六日〉〈我們是一群戰鬥的海燕〉…等等[6]。所以常常被日本刑事(特務)監視與搜索。在一次日本特務的有驚無險的查訪後，覃子豪深知處境危險，於是在抗戰前夕返國，從此積極的投入實際的抗日工作。

壹、扛起民族追求自由的旗

　　《自由的旗》全部是覃子豪的抗戰初期的抗日詩篇，民國二十八年五月一日在浙江金華由青年書店初版發行。印數一千冊，正文七十一頁，收入詩作二十五首，卷首有作者在同年四月十五日寫於桂林的〈前記〉一篇。

　　《自由的旗》〈前記〉透露出上節筆者的論點，即是覃子豪的詩風與心情走出了苦悶的世界與大時代的陰霾。國家民族又何嘗不是呢？因爲有了一致的共同目標 — 即是全民一致共同積極的抵抗外侮、抵抗日寇的屠殺與侵略。由此可見，覃子豪的強烈愛國心和與時代脈動的寫實手法，充分的反應了時代的心聲。他的〈前記〉說：

---

[6]　均見本論文，附錄四：《覃子豪全集 I》補遺(詩創作部分)。

青年的熱情從窒息的時代裡脫出，在清新的空氣裡，會發出我
們幾世紀以前不曾聽到過不能唱出的新的歌。

這幾頁詩便是屬於脫離了窒息的時代，開始戰鬥時代最初的歌
唱，這是意志和情熱底力的表現，是一種個人的與群眾和時代
之間的情緒綜合的集體，是被侵略者踏碎了的國土上生活著的
悲痛青年的呼籲。是一種單純的、複雜的、悲痛而激昂的聲音，
是從肺腑裡喊出而同戰爭的喇叭吹出的聲音混成了的一個交
響，一個合奏。[7]

這一冊時代不平則鳴的交響詩集，出版後不久即售完，並引起廣
大的迴響與四篇熱烈的評論。於是覃子豪於民國二十九年六月十五日
由浙江金華的「詩時代社」再版。再版增加〈再版記〉與詩作四首及
〈詩人的動員令〉一文，頁數增為八十六頁。

雖然廣大的迴響與四篇熱烈的評論中，褒遠多於貶，作者還是在
他的〈再版記〉敘述他的創作原由與風格始末：

初版問世不久，我發現評論四篇，大體對於這冊集子都過於褒
揚，指摘者亦有之，多半指集子裡最初幾篇詩，如：〈北方的軍
號〉〈戰士的夢〉等，說這幾首詩不免具著抗戰初期詩歌一般的
缺點，就是說：過於情感的暴露，其實，我自己選這幾首詩時，
也感到情感直奔，沒有含蓄的缺點。但是為了它是屬於抗戰初
期總動員時候所寫的，所以保留下來。那時候，我底苦心是想
將我這微弱的歌詞藉著動員號令聲響底旋律表現出人民迫切的
任務來，所以，我寫了號聲般的獷野的、重複的、粗率的〈北

---

[7] 參引劉福春：〈肺腑嘶喊與戰爭喇叭的交響——覃子豪的第一本詩集《自由的
    旗》〉，中央日報副刊，1993 年 10 月 9 日。

方的軍號〉。

〈戰士的夢〉也是在這迫切的情緒之下寫成的，不過這是屬於在抗戰開始時個人對祖國熱愛一種情緒的表現。…[8]

覃子豪說明在這冊詩集前面幾首詩是抗戰初期的激動，是熱血沸騰之作。所以愛國的情感與抗敵的怒吼，躍然紙上。例如詩集的第三首〈給我一桿來福槍〉：

戰線展開了
我再不能有片刻的停留啊
當我聽著抗戰的炮聲
熱血就在我胸中沸騰

在蕭蕭的秋雨裡
從天外飄來了幾片紅葉
這是一個光榮的標記
兄弟們已經給秋天塗上了血液

花朵凋落，就讓花朵凋落吧
我們要珍惜眼淚，不要珍惜血流
光榮的勝利的日子
是賴我們在紅血的秋天裡苦苦地追求

難民和青年之群在流亡著
我無心再讀拜倫沉痛的詩章
前線又響著巨大的炮聲

---

[8] 參引劉福春：〈肺腑嘶喊與戰爭喇叭的交響——覃子豪的第一本詩集《自由的旗》〉，中央日報副刊，1993 年 10 月 9 日。

我要立刻換上戎裝，踏上戰場

在厮殺的陣地，在迫切的時日
不需要長期的準備，需要立刻去厮殺
快給我一桿來福槍
一套戎裝，一匹戰馬 ⁹

當抗日的戰線在全國展開時，詩人的愛國心自覺不能有片刻的停留，當他聽著抗戰的號角響起，熱血就在胸中沸騰。他無心再讀拜倫沉痛的詩章，當前線響起巨大的炮聲，他只想要立刻換上戎裝，踏上戰場。他只需要一桿來福槍、一套戎裝、一匹戰馬，不需要長期的準備，他要立刻去厮殺。他的詩篇不僅把它的愛國心表露無疑，也鼓勵了當時的千千萬萬的廣大的苦難同胞。

在東南前線實際參與抗戰後，雖然因為初期戰事的吃緊而轉戰各地，他的心情也曾經憂鬱、沉思與眷戀著愛情。然而當戰爭的消息在催促著他時，他卻不曾遲疑過，勇敢的奔赴前線，他的〈戰爭的消息在催促我〉透露他這時期的心境：

雖則我有些倦於風塵中的急馳啊
然而，戰爭的消息在催促我

離去之前的憂鬱
使我不安地在小屋裡徘徊著
最使我苦惱的是靜默的畫像
壁上發寒光的短劍
蒙著灰塵幾卷凌亂的書

---

⁹ 見本論文附錄四《覃子豪全集 I》補遺(詩創作部分)。

溫暖的風敲著孤寂的窗
像是送行的好友一樣
他在門外招呼我？等待我？留我？
好像在說：冰湖已解凍了
你去了之後是不是
要白楊落了最後一葉你才歸來

啊！我有些憂鬱，深思，眷戀
然而，戰爭的消息在催促我

我知道冰湖已解凍了
歌已經留在她不會遺忘的心裡了

在這短促的良宵夜
在這金黃的什麼時候再見的良宵夜
將這個手風琴留的這裡
將這從海外帶回來的舊皮囊留在這裡
趁她還沒有回來的時候
我將無言地離去

在小小的木屋裡
風在靜謐的夜霧中
送來轆轆的兵車開動的聲音
啊！戰鬥的時光在召喚我
要我騎著紅馬
奔向極遼遠的前程[10]

---

[10] 見本論文附錄四《覃子豪全集 I》補遺(詩創作部分)。

　　覃子豪在這首詩中，表現大時代中讀書人的作為，當抗日戰爭的號角響起，即義無反顧的拋棄愛情與親情，為了國家民族的生死存亡，拋頭顱灑熱血而在所不惜，讓生活在安定時代的我們深深感佩。他《自由的旗》的詩篇，為八年抗日戰爭時中國人的複雜心情，作了最好的歷史見證。

　　筆者並發現將《自由的旗》的篇名可以組成一篇有趣而貼切的短文：

　　當〈北方的軍號〉響起，引發全國人民〈偉大的響應〉，請〈給我一桿來福槍〉成全我〈戰士的夢〉。長江裡的〈水雷〉炸燬敵艦。〈失明的燈〉在〈廢墟之外〉，而〈戰爭的春天〉來臨前，我們〈只有默默地戰鬥〉。

　　在〈北國〉的冬季裡，我們〈歡迎中國的友人〉一同參加〈捷克的和平紀念日〉。歡迎〈戰爭中的歌人〉站在我們的〈土壤〉上，與〈水手兄弟〉一同〈給奧國一士兵〉和〈捷克悲痛的孩子〉與〈波希米亞高原上的婦人〉精神上的鼓舞。

　　我在〈九月之晨〉〈歸來〉，然而〈戰爭的消息在催促我〉，〈和平神像〉只好留〈給一個放逐者〉。而〈年輕的母親〉〈在大別山底峰頂上〉盼望〈牧羊人〉的歸來。〈戰爭給我以愛情〉的憧憬，那就是在〈大馬湖上〉〈畢蘇斯爾基的女兒〉的消息。

貳、永安浩劫

　　民國三十三年覃子豪因為結婚而脫離軍職後不久，來到福建永

安，在朋友家看到畫家薩一佛「永安劫後」素描畫展的一張目錄，引起他的注意，因為主題即含有深刻性與濃厚的詩意，可說深深的打動了他。甚至因此把遠行的計畫延期了。

　　永安古城在民國三十二年十一月四日遭受日軍無情的轟炸，全市精華，付之一炬，平民百姓死傷慘重，造成永安空前的浩劫。永安古城的浩劫可以說只是八年對日抗戰中的一個慘劇的縮影。畫家、詩人藉由詩畫合展，表達了當地人民心中的痛苦與訴求，與向全世界提出慘痛的控訴。

　　例如畫家一幅題為「餘燼」的畫，繪著斷垣殘壁中熊熊的火光，而詩人卻感動的寫成了生動的「火的跳舞」：

> 火跳舞著
> 在每一條窄狹的街上
> 在接連著接連著的屋頂上
> 在坍塌下來的屋樑上
> 在精緻的粗糙的傢俱上
> 在華美的素樸的襤褸的衣物上
> 在那些年老的匍匐著的人們身上
> 在那些母親無法救出的孩子身上
> 在那正在痛苦中掙扎著的人們身上
> 在那快要成為焦炭的骷髏上
> 火跳舞著……
> 他獰笑著，潰滅的響聲伴著它
> 作狂歡而恐怖的歌唱[11]

　　畫是屬於較靜態的，詩把所見與想像都生動而活化了。「火的跳舞」

---

[11]　見《覃子豪全集 I 》：頁 50。

把斷垣殘壁中熊熊的火光擬人化了，火彷彿是侵略者的化身，在每一
條窄狹的街上、在接連著接連著的屋頂上、在那些快要成爲焦炭的骷
髏上跳舞著、獰笑著，「作狂歡而恐怖的歌唱」。輕輕的轉化與描寫，
卻表現出最能打動人心深處的感動與憤怒。

　　姚隼在〈論「永安劫後」詩畫展(代序)〉中說：

　　　「…覃子豪兄的詩，其優點是樸質、易解，不矯揉做作，不堆
　　砌詞藻；而用著平易的語言，煽起人們真情的同感──他的詩
　　和薩一佛兄的素描擺在一起，令人有非常調和的感覺；而在展
　　覽的場合中，是很適當的。……這是通俗，但絕非庸俗。而正
　　因其樸質易解，容易接受，其在藝術的效果上是有更大的收獲
　　的。有人害怕通俗會損害了藝術的價值，但我願強調地提出：
　　任何一種藝術部門，凡是能夠以最通俗的手法，最正確而具體
　　地加以表達，而收到最大的藝術效果的，他在藝術的造就上是
　　最深的。」[12]

　　姚隼中肯的指出覃子豪《永安劫後》這些詩作「通俗而不庸俗」
的特色，深入淺出的手法表現那些悲慘的場面與作者的內心的感受，
藉以傳達至讀者內心深處的共鳴。

　　「永安劫後」詩畫聯展是覃子豪在抗戰末期的一項重要成果，不
僅先後在福建的永安、漳州、晉江等縣市展出，「每天三四千人在同一
個日子來注意詩。」[13]，每到一處不但能引起觀賞者內心強烈的震撼，
更能喚起民眾抗日的決心。

---

[12]　見《覃子豪全集 I》：頁５１。
[13]　見《覃子豪全集 I》：頁１０５。

　　美國新聞處藍德先生曾經駐足參觀達兩個鐘頭，甚至將畫攝製成膠片，將詩譯成英文寄回美國發表。表示這是在中國第一次見到以最現實的題材，所結合的藝術。現代的畫和新詩的結合與聯展，「永安劫後」詩畫聯展是中國現代詩史上的創舉。

　　民國三十四年六月，覃子豪將這些詩作集結成書，由福建漳州南風出版社出版，並定名為《永安劫後》。可惜當時無法照相製版，所以在此書上無法與薩一佛的畫，作《永安劫後》的詩畫聯展。

參、小結

　　覃子豪在北京求學時期或許曾經憂鬱迷惘、曾經因為同學同輩多為左傾而同情左派，覃子豪的愛國心卻從不落人後，留學東京時即積極從事詩歌抗日活動；抗日戰爭爆發時亦積極參與「文化戰士」般的宣傳工作。

　　他充份表現出大時代中讀書人的風骨，當抗戰的號角響起，即義無反顧的拋棄愛情與親情，為了國家民族的生死存亡，拋頭顱灑熱血而在所不惜的決心，令無數的讀者深深動容。

　　他《自由的旗》戰鼓咚咚般的詩篇與《永安劫後》血和淚的控訴，為八年抗日戰爭時中國人的積極抗日與苦難複雜的心情，留下最佳的歷史見證。

第三節：〈嚮往〉時期

—— （《海洋詩抄》）

　　隨著八年對日抗戰勝利的到來，中國人的苦難又隨之降臨了。正當大戰方歇，舉國滿目瘡痍、百廢待舉之際，國共內戰又起，造成千百萬人的流離失所與兩岸的隔絕。覃子豪即因此有家歸不得也，從此在海島成了海洋的歌者與詩的播種者。

壹、無限的嚮往

　　覃子豪從小生活在內陸的四川廣漢，卻對海有無限的憧憬與想望，彷彿是前世的戀人一般。他自承在年少時還未見過海，就憧憬著海，渴慕著海。他在《海洋詩抄‧題記》認為：

> 豪放，深沉，美麗，溫柔的海，比人類的情感和個性更為複雜，不能歸入靜的或動的一種類型。它是複雜而又單純，暴躁而又平和，它是人類所有一切情感和個性底總和，它的外貌和內在含蓄有無盡的美。是上帝創造自然的唯一的傑作。它模仿人類的情感，而對人類的心靈卻又是創造的啟示。它充滿著不可思議的魅力；比森林神秘；比草原曠達，比河流狂放，比山嶽沉靜。…
>
> 我在年少時還未見過海，就憧憬著海，渴慕著海。二十年前，我從北平到煙台，第一次和海接觸，我立刻心悅誠服的做了海

洋底歌者，我開始做著更遙遠的夢。[14]

　　他對海的印象，繼初次旅遊山東、再次搭船東赴日本後，第三次與海的廣泛接觸是往來台灣與在台灣的工作與生活的體驗。

　　詩人鍾鼎文談到因日軍在上海發動「一二八事變」，學校因此搬遷到北京而與覃子豪初識的經過說：「有一次，我們談到海，我說我航海的經驗：從上海出海，海由黃色突然變成藍色。船過黑水洋，海由藍色突然變成黑色。到了煙臺，海突然變成綠色。不久後，他去了一趟煙臺，不知是不是因為我傳遞了海的信息與誘惑，他愛海，後來竟成了「海洋詩人」活的體驗。」[15]

　　在這之前，回溯到詩集《永安劫後》出版後，兩年多的時間，創作幾乎陷於停頓，他在《海洋詩抄‧題記》裡回憶這一段生活背景與詩壇狀況：「…動盪的生活，使我無法創作。而當時的詩壇正走向偏激的道路，純粹的詩，已被窒息。我失去了對創作的興趣。」[16]

　　　戰後動盪與顛沛流離的生活，使他無法從事創作。一方面當時的詩壇正走向偏激的道路，純粹的詩，已被窒息，亦令他失去了對創作的興趣。

　　然而，海洋 ─ 他這個永遠的戀人同詩神一樣，不曾遠離或拋棄他。當他在民國三十五年五月由廈門經香港乘機帆船轉赴台灣途中，海潮的震撼與海洋的呼喚，感動他繼續提起健筆寫下了〈倚桅人〉。〈倚桅人〉的詩作語調是平緩的，氣氛是平和的，是《海洋詩抄》除了前

---

[14] 覃子豪《海洋詩抄》：頁 1—2。

[15] 鍾鼎文：〈初識子豪 〉《詩人覃子豪逝世三十週年紀念小輯》台北，聯合報副刊，1993 年 10 月 9 日。

[16] 覃子豪《海洋詩抄》 台北 ，新詩週刊社 ，1953 年 4 月初版。頁 2。

兩首選自《生命的弦》舊作的兩首詩《碼頭》與《海濱夜景》外，重新出發的第一首詩作。

　　覃子豪第一次至台灣謀職，卻不順利。兩個月後再經香港返回廈門時已經是十二月，而且「衣衫破蔽、窮苦潦倒」[17]，次女露露也早已經出生了。於是他感嘆的寫下〈嚮往〉一詩。

　　他在〈嚮往〉一詩中想表現胸中的鬱悶感受與心中仍有的一絲無限的憧憬：時值抗戰勝利不久、百廢待舉，偌大的中國土地卻無我棲身、發揮所長之地，我像一隻快要悶死的鳥兒想要「離開狹小的牢籠」像海盜、船長般，雖然經過一次不如意的打擊，卻仍然嚮往著曾經是殖民地的黃金之島—台灣。〈嚮往〉：

> 我像一隻快要悶死的鳥兒
> 隨時離開狹小的牢籠而離去
> 像西班牙海盜嚮往著黃金的島嶼
> 像大不列顛帝國的艦長嚮往著殖民地
>
> 我將重作一個航海者乘白帆而去
> 我將再在海上作無盡的飄流
> 但我又不知道該去到那兒？
> 歐羅巴洲或是亞美利加洲？
>
> 啊！我要在這殘酷的世界上
> 去尋找一個理想的境界

---

[17] 邵秀峰女士語，見〈邵秀峰心中的覃子豪〉，台北，中央日報副刊，1993 年 10 月 9 日。

——　一個自由的國度

一個充滿愛情與詩和音樂的疆土

我知道我會在那飄流的日子裏

想起我曾經眷戀過的故土

即使我在那故土上受盡折磨

而我也會留下思念的熱淚[18]

　　經過第一次赴台求職失敗的經驗後，第二年透過親友介紹，方始獲得臺灣省物資調節委員會專員職務。一家人遂由上海到了台北，數年來的顛波生活，方始獲得安定。但是第二年冬天因長女海茵於湖州娘家生病，夫人攜次女返回大陸照顧，卻從此兩地相隔、音訊全無。[19]只留詩人獨憔悴，獨自一人羈留異鄉，並因職務的關係，在群島間徘徊，因此留下不少關於海洋的謳歌。

貳、無盡的追求

　　覃子豪從此在台灣孤苦的過著思念與懷鄉的生活。沒有家累雖是其個人的不幸，但是他從此埋首於現代詩創作與詩教育播種的工作，卻造福了台灣的現代詩壇。他不是職業詩人，只是個小小的公務員，然而對現代詩與詩壇的貢獻，卻比職業詩人或一個文化單位還大。我們在〈追求〉這首詩中可以發現他不時勉力奮起的精神：

---

[18]　覃子豪：《海洋詩抄》：頁 7—8。

[19]　邵秀峰女士語，見〈邵秀峰心中的覃子豪〉，台北，中央日報副刊，1993 年 10 月 9 日。

大海中的落日
悲壯得像英雄的感嘆
一顆星追過去
向遙遠的天邊

黑夜的海風
括起了黃沙
在蒼茫的夜裏
一個健偉的靈魂
跨上了時間的快馬 [20]

—三十九年八月花蓮港

　　全詩氣勢磅礴，感慨時空的變化，充滿著時不我與的詠嘆。前段
四句以壯闊的場景 — 大海中的落日，比喻一個再偉大的英雄終將會
被時空淹沒與淡忘，如同多少抗日英雄在大陸的功績，卻隨著政亡而
人亡。如同一顆流星劃過夜空。雖然如此，他仍然願意像一顆星向遙
遠的天邊、茫茫的前程，勇往直前，絕不退縮。第二段虛則寫景，實
則寫詩人自己的心境：雖然時局不好，個人孤獨無依，在這蒼茫的人
生與茫茫的前程裡，他仍然自勉為「一個健偉的靈魂」，勇敢的「跨上
了時間的快馬」奮力去追求真理與光明的前程。使我們彷彿感受到「天
行健，君子以自強不息」的身影。

參、小結

　　覃子豪在《自由的旗》的〈大馬湖上〉是浪漫寫實的「乘著箭似
的小船 ＼ 好像跨上一匹大馬」[21]在這裡變成積極的「一個健偉的靈魂 ＼

---

[20]　覃子豪《海洋詩抄》：頁 10。
[21]　參見本論文，附錄四：《覃子豪全集 I》補遺(詩創作部分)。

跨上了時間的快馬」。

　　覃子豪《海洋詩抄》的詩作，大部分可說是融合了浪漫主義、自然主義與象徵主義的特質。比前作《生命的弦》、《自由的旗》與《永安劫後》，有長足的進步。可說由浪漫主義與寫實主義，漸漸邁向象徵主義的開端。

第四節：〈詩的播種者〉時期

—（《向日葵》）

　　覃子豪在創作與發表並出版《海洋詩抄》的時候，同時正在負責編輯《新詩週刊》。其編輯《新詩週刊》負責的作為與熱心服務作者的誠懇態度，並主導《新詩週刊》審稿編輯走向脫離政策干擾，轉向純正詩藝的自由路向，使他的詩名更形增益；加以《海洋詩抄》的出版，完全與當道盛行的反共八股詩背道而馳，因此令詩壇耳目一新，累積的名氣，不可同日而語。

　　因此，他的生活無形中忙碌起來。一方面因職務需要而奔波全島各地，甚至澎湖等外島地區；二方面每週出刊的《新詩週刊》編務繁忙，甚至需要編者自己邀稿、親自剪報付郵寄贈每位作者，一人統包所有瑣事。四十三年六月《藍星週刊》創刊後更形忙碌，但是卻提供了現代詩人自由發揮的園地，在當時的白色恐怖與戒嚴環境下是彌足珍貴的。

壹、孤獨的旅人，並不寂寞

　　詩人自從決心在詩創作上從新出發、不停追求探索；在詩刊編輯上全心提供一個詩人們自由發表、百花齊放的園地；在函授學校上熱心的培植現代詩的幼苗，生活上自然是忙碌而令人窒息的。但是詩人仍能在片刻的時光中，去探索詩的奧秘與詩質的提升，不停的在尋求自我的超越。他認為一首詩應有其完整而獨立的生命，不是支離破碎的片段，也不是陳舊內容的重複。

　　而在《海洋詩抄》出版後到《向日葵》出版之間，整整兩年多的時間，他發表了三四十首詩作。但是他選入《向日葵》的僅僅二十三首，可見詩人更加的嚴以律己，對於自己詩作的要求更加審慎而趨向嚴格了。正好證實他不斷尋求自我超越的想法。

　　《向日葵》第一首詩描寫花蓮港邊花崗山的〈花崗山掇拾〉第一小段中，卻透露自己的心境：雖是孤獨的旅人，卻並不寂寞，因為有詩為伴；自己亦有不被發現的快樂，亦即自己發覺尋求自我的超越後，所得到的自得其中之樂與成就感。〈花崗山掇拾 之一〉：

> 花崗山上沒有釋迦牟尼的菩提樹
> 不羈的海洋，是我思想的道路
>
> 我是海岸邊一顆椰子樹的同夥
> 孤獨的旅人，並不寂寞
>
> 沒有人會驚訝的發現我的存在

　　　　　我有不被發現的快樂 [22]

　　然而，這種思想奔放而自得其樂的創作，卻是忙裡偷閒的結果。他在《向日葵‧題記》中，透露這一段忙碌的開始：

> 《海洋詩抄》出版後，我的生活已不復和從前一般的單純，在
> 忙得幾乎令人窒息的生活中，我仍能解脫一切，求自我的片刻
> 來寫詩，只是產量減少；但我覺得更能把握詩精微的素質。
> 時間、生活、思想，在我的觀念之中是三條平行的軌道；詩創
> 作的體驗是隨著這三條軌道運行，而發生新的變化。我寫《向
> 日葵》的意念、情緒、表現方法，和寫《海洋詩抄》不同。我
> 在尋求一個超越。[23]

　　詩人妻女深陷大陸，自己卻孤獨羈留在台灣生活的鬱悶心境，加上公務與生活、編務與詩教的繁忙與壓力之重，隨之而來的苦悶，亦可見於此詩集與題記之中：

> 我寫詩，是為抖落心靈底煩憂，和我理想追求的表現。也許讀
> 者可以從這些各自有其獨立內容的詩中，感覺到我寫《向日葵》
> 時期的情緒，是多麼不平衡。這正足以代表我複雜的心緒與動
> 盪不寧的心境。就是：我的生命之力該向那裡衝擊？我的理想，
> 該在那兒生根？這是我的苦悶。《向日葵》是我苦悶的投影，這
> 投影就是我尋覓的方向。[24]

---

[22] 見覃子豪：《向日葵》：頁3。
[23] 見《向日葵》：頁1—2。
[24] 見《向日葵》：頁2。

　　在《向日葵》這冊詩集裡，處處可見他忙碌「詩生活」的身影，以及動盪不寧的心境。詩人苦悶的心靈與無可言說的懷鄉病，盡都在〈距離〉這首詩的暗示中：

> 即使地球和月亮
> 有一個不可衡量的距離
> 而地球能夠親覲月亮的光輝
> 他們有無數定期的約會
>
> 兩岸的山峰，終日凝望
> 他們雖曾面對著長河嘆息
> 而有時也在空間露出會心的微笑
> 他們似滿足於永恆的遙遙相對
>
> 我底夢想最綺麗
> 而我底現實最寂寞
> 是你，把它劃開一個距離
> 失却了永恆的聯繫
>
> 假如，我有五千魔指
> 我將把世界縮成一個地球儀
> 我尋你，如尋倫敦和巴黎
> 在一回轉動中，就能尋著你[25]

　　〈距離〉一詩是含蓄的，作於思想箝制的時代裡。他那懷鄉與思念妻女的渴望，就只能藉由此詩的暗示。第一段他就把此詩的場景作大，

---

[25] 見《向日葵》：頁 19—20。

羨慕地球和月亮即使有一個不可衡量的距離，卻有無數定期的約會。最後一段，則把場景濃縮在眼前，假如有五千魔指，他將把世界縮成一個地球儀，尋你，如尋倫敦和巴黎，在一回轉動中，就能尋著你。遠如倫敦和巴黎之遙，輕易就能找到，更何況妳就只是近在咫尺的對岸而已。思念之情、盼望之切，溢於言表。

　　唐朝詩仙李白與覃子豪是四川同鄉，李白有異想天開的詩句「白髮三千丈」；覃子豪卻希望自己有「五千魔指」，能將世界縮成一個地球儀，在彈指間即可找到日夜思慕的愛人。詩仙李白與現代詩人覃子豪同是四川同鄉，同樣有著誇飾的天才詩句對映古今，真有異曲同工之妙。

貳、詩的播種者

　　《向日葵》這本詩集，表露的不只是詩人鬱悶的心境與苦悶生活的投影。更有覃子豪在這時期追求創作高峰自得其樂的表現與從事現代詩教育的自況。

　　所謂能者多勞，《海洋詩抄》出版後，接踵而來的是民國四十二年十月應「中華文藝函授學校」創辦人李辰冬博士之邀擔任該校詩歌班教授，三個月後即接掌詩歌班主任，實際負責新詩函授教育與每週撰寫新詩講義，並親自回覆學生的問題。在函校發行的《中華文藝》月刊第二卷第二期出版的〈中華文藝函校教授簡介〉描述他：

> 他是自由中國詩壇的一員戰將，一位創作家，一位苦口婆心的說教者，他有豐富的生活，而且善於用優美的詩篇，表現他的生活，表現這個時代。

……

他擔任中華文藝函校的詩歌班主任以來，可說是他為教育別人最辛苦的一個階段，為了每週趕寫一篇講義，他曾累得吐血，但是無數愛好新詩的學生們，卻為他的精神，感動得流淚。學生們對他的講義，視為至寶，跟他學習創作新詩的人都有顯著的進步。[26]

函校詩歌班第一期即有九十二名學員，不僅在當時有優異的表現，許多著名的詩人至今仍持續創作且享譽文壇，如：向明、瘂弦、麥穗、楊華銘、小民、秦嶽、邱平、藍雲、張效愚、彭捷、一夫、雪飛、、、等等[27]。其他陸續第二期、第三期、、、等學員的身分與成就，當有更驚人的表現，可惜筆者尚無這些資料可考。

覃子豪的精神是值得感佩的，他不僅函授教育現代詩的學員，甚至將許多優秀學生的作品推介在其主編的《新詩週刊》與《藍星週刊》發表，無形中滋長學員們對現代詩更深的興趣、喜愛與成就感。其他非詩歌班的學生亦一視同仁看待，只要是對現代詩有興趣者，即與以提攜，例如當時小說班的詩人梅占魁即是一例。

〈詩的播種者〉一詩即是他當時自我心境與熱心詩教作為的表現。〈詩的播種者〉：

> 意志囚自己在一間小屋裡
> 屋裡有一個蒼茫的天地
>
> 耳邊飄響著一支世紀的歌

---

[26] 參見中華文藝月刊編委會編：〈中華文藝函校教授簡介〉《中華文藝》月刊第二卷第二期，北縣汐止，中華文藝月刊社，1955 年 3 月 1 日，頁 16。

[27] 參見中華文藝月刊編委會編：〈本校同學通訊錄〉《中華文藝》月刊創刊號，北縣汐止，中華文藝月刊社，1954 年 5 月 1 日，頁 34— 36。

　　胸中燃著一把熊熊的烈火

　　把理想投影於白色的紙上
　　在方塊的格子裡播著火的種子

　　火的種子是滿天的星斗
　　全部殞落在黑暗的大地

　　當火的種子燃亮人類的心頭
　　他將微笑而去，與世長辭[28]

　　〈詩的播種者〉第一段描寫他當時的寂寥的心情與身陷苦悶社會的處境；但是耳邊卻響起新世紀現代詩升火待發的號角，於是他胸中充滿著熱情與意欲一番作為的希望；希望將現代詩推廣的理想，見諸新詩函授教學講義與詩刊的編輯選稿上面，即是現代詩種子培育的工作；現代詩的種子就像是滿天的星斗，全部將灑落在自由中國現代詩壇未開發的、如同黑暗的大地；當現代詩的種子發芽、茁壯，感動更多人類的心靈時，他(播種者)將微笑而去，與世長辭。

　　〈詩的播種者〉是覃子豪自我心靈的寫照，彷彿是自我一生冥冥中的暗示，當他持續主持更多函授學校，如「文壇函授」、「軍中函授」、「中國文藝」等學校的詩教與播種工作八年後，於民國五十二年罹患膽道癌——微笑而去，與世長辭了。彷彿當初〈詩的播種者〉詩中的「預言」一語成讖。

---

[28] 見《向日葵》：頁 23—24。

參、小結

覃子豪在創作《向日葵》這個時期，有苦悶的心境、也有理想的追求，具體表現在他詩作的進步與詩園地的開拓，還有詩種子的培育函授教育工作。

他創作的基調漸漸脫離《海洋詩抄》浪漫與自然主義混和象徵主義的手法，趨向於實驗性的象徵主義。《向日葵》詩集可說是覃子豪詩創作歷程中的一個試驗，介於《海洋詩抄》與下一本詩集《畫廊》之間。但是卻提供我們探求詩人當時複雜苦悶的心境與熱心詩種子培育工作的實際作為，這種無私無我的奉獻精神，為他自己贏得「詩的播種者」榮耀。

覃子豪寫《向日葵》時期，正是政治干擾創作最嚴重的時候，甚至可說是指導或利誘，例如「文獎會」的運作。而當時他正欲重新出發，致力追求純詩的創作，加以參雜著思鄉的複雜情緒，其詩作表現出詩人當時複雜的心緒與動盪不寧的心境。《向日葵》是他苦悶的投影，這投影就是他尋覓的方向；亦是為抖落心靈底煩憂，和理想追求的表現。

第五節：〈畫廊〉時期

──（《畫廊》、〈雲屋〉、〈過黑髮橋〉）

　　覃子豪自述從《海洋詩抄》出版與接編《新詩週刊》後，生活隨之忙碌起來。接掌「中華文藝函授學校」詩歌班主任後，由於對函授教育的用心與熱心學員的互動，生活更是忙碌的令人窒息。而其苦悶與煩憂，皆見諸《向日葵》，出版《向日葵》後，其忙碌更甚以往。但是他對於創作上進步的追求，尋求自我的超越，卻是不曾片刻停止。

　　《畫廊》是覃子豪生前出版的最後一部詩集，距離上一部詩集《向日葵》的出版，約有七年之久，然而卻只有收入詩作三十一首。他說：「自《向日葵》出版後的六七年間，我對於詩：思索多於創作，創作多於發表；恒在探求與實驗中。是常因發現而有所否定，或因否定而去發現。」[29]

　　《畫廊》分為三輯，是表示詩人創作上的探求經過了三個階段：

壹、第一階段：髮怒而目盲

　　覃子豪《畫廊》的序至為重要，有他對這一階段創作實驗與心靈活動思考的自我描繪：

　　　「第一個階段：我頗為強調詩的建築性和繪畫性，有古典主義
　　　的嚴密和巴拿斯派（Parnasse）刻劃具象的傾向。然而，結構

---

[29]　覃子豪：《畫廊》：頁1。

過於嚴謹，詩的生趣將蕩然無存。意象和色彩過度炫耀，則會失去詩本質上的純樸。詩到了素色和無色以及嚴密而不呆滯，才耐人咀嚼。因此，我否定了許多在第一階段所寫的作品，只留下幾首詩為這時期的代表。而〈畫廊〉一詩，是顯示了我的創作有了一個新的動向。」[30]

　　《畫廊》第一輯只選刊九首詩作，而以〈畫廊〉一詩結構嚴密，意象刻畫清楚，含有較多個人意念與意志力的投射。是第一階段，思索、探求與實驗後，成就較高的一首作品。

試看〈畫廊〉：

　　　　野花在畫廊的窗外搖著粉白的頭
　　　　秋隨落葉落下一曲輓歌
　　　　追思夏日殘酷的午時
　　　　月球如一把黑團扇遮盡了太陽的光燦
　　　　而你此時亦隱沒於畫廊裏黑色的帷幕

　　　　火柴的藍燄，染黃了黑暗
　　　　燒盡了生命，亦不見你的迴光
　　　　你的未完成的半身像
　　　　毀於幽暗中錯誤的筆觸

　　　　摩娜麗莎的微笑，我沒有留著
　　　　留著了滿廊的神秘
　　　　維娜斯的胴體仍然放射光華

---

[30] 《畫廊》：頁 1—2。

悲多芬的死面，有死不去的苦惱

海倫噙著淚水回希臘去了
我不曾死於斯巴達王的利劍下
被赦免的留著
服永恆的苦役

在畫廊裏，無論我臥著，蹲著，立著
心神分裂過的軀體
蒼白如一尊古希臘的石像
髮怒而目盲[31]

　　從〈畫廊〉可以觀察他所謂新的動向與試驗，也就是他試圖擺脫
原有的浪漫抒情或象徵的手法，而從現代主義，甚或超現實主義的方
法上實驗一部份較新的創作方法。或許這是他參與多個回合捍衛現代
詩的論戰，互相批評與學習成長的另一收穫。

　　〈畫廊〉諸多詞彙是創新的，例如「秋隨落葉落下一曲輓歌」，這
正是一葉落而知秋的境界，它不但有詩情，也有畫意；意象完整，意
境堪稱完美，將畫廊這一主題的內外形象與作者自身的意念融爲一
體，是詩人創作歷程的重要進步。

　　「燒盡了生命，亦不見你的迴光」，這是寫一根火柴或蠟燭所發出
的短暫的光，但也象徵著人生的短暫。「你的未完成的身像，毀於幽暗
中錯誤的筆觸」。在字面的意義來看，虛寫那個畫室裏的畫家的情境，
而實際上詩人另有的含意，或許是他暗示著自己未完成的志業與人生

---

[31]　《畫廊》：頁 1—2。

際遇的不幸，是毀於混亂灰暗動盪的大時代所致的轉嫁。

第三段暗示著伊人的形象漸漸模糊，但他卻沒有留下她最完美的微笑，只留下了滿廊的神秘。在這裏多少是暗示著詩人內心的渴望，渴望著愛與美的滿足。「貝多芬的死面，有死不去的苦惱」這是一句有其哲理的，眾人皆知，貝多芬（Ludwig van Beethoven 1770-1827）是世稱爲樂聖的德國音樂家，但他一生爲貧困及耳疾所苦，於是他的作品都表現出一種強烈的悲劇性。詩人在此亦是不忘於詩裡行間反應詩人自己的苦悶與煩憂。

最後一段，寫出詩人如「心神分裂」般的苦悶，寫出他對於愛情的追求，以及現實所帶來的壓力，都足以使他髮怒而目盲。髮怒象徵他對一切不如意的憤怒；目盲是表現他無可奈何的心境。

貳、第二階段：就讓星子們在我髮中營巢

《畫廊》的第二階段則在探求人們不易察覺的事物之奧秘，是當時一種最新創作手法之試驗：

「第二階段：我所探求的是人們不易察覺的事物的奧秘，〈金色面具〉是其開端。面具背後的虛無，不定是虛無，只是肉眼不能察覺虛無中所存在的東西。它是神秘。面具的空虛的兩眼較之一個雕像的盲睛，更能令人生產幻覺。而這幻覺不是情感，不是字句，是情感和字句以外的假設。〈金色面具〉啟發我去證實一個夢的世界。它不是空想的，而是現實生活所反映和昇華而成的一個微妙的世界。〈夜在呢喃〉、〈構成〉，便是由於這個

啟發寫成。而〈奧義〉是表現人性之幽微。」[32]

　　第二輯共收詩作七首，包括〈金色面具〉、〈構成〉、〈奧義〉等。如果說第一輯，有古典主義的嚴密和巴拿斯派冷峻的刻劃具象的傾向試驗，在實驗練習與建構詩的建築性和繪畫性的話。第二輯則是加上虛無主義與神秘主義的試驗。他所探求的是人們不易察覺的事物的奧秘，〈金色面具〉背後的虛無，不定是虛無，只是肉眼不能察覺虛無中所存在的東西。它是神秘的想像與感應。每個人在心裡面與外表面，都各有一具面具：外表的面具用以面對虛實的人際與社會，是一種偽裝，也是一種自我防衛的武器；內在的面具，是自己心靈的一面鏡子，一種自我的關照，一種自我反省的假設。

　　覃子豪的〈金色面具〉一詩，正是自我內外在這兩種面具虛實的交戰，相互變換轉位的手法，更多的是他自我思想與心靈奔放的一種展示。金色面具是他的另一個假面；而〈金色面具〉卻是他與另一個隱藏的自己，對話的一種絕妙的呈現。作者隱身在面具後面，等待面具前面讀者的發現；而他也正在冷眼看著你，看這人生。

　　而本輯第二首詩〈夜在呢喃〉，又何嘗不是詩人自己心靈深處，自我自然的呢喃呢？試看〈夜在呢喃〉優美的第二、三段：

……

　　夜在呢喃
　　我臥於子夜的絕嶺，瞑目捉摩太空的幻象
　　頭髮似青青的針葉，有松脂的香味？
　　星子像松鼠之群在我頭上跳躍

---

[32] 《畫廊》：頁 1—4。

翹起尾巴，嗅我額角
　　　　　我若是一株松樹
就讓星子們在我髮中營巢
　　　　短暫中面臨悠久
青空凝視我
　　　　我觀照夜
　　　　夜觀照悠悠與無極

集中感覺於頂稍，聽夜的呢喃
夢幻不易把握，有夢幻把握我
我和你飛翔在夢中
　　　　　　當影子橫臥
熱情之環緊扣著你的臂膀
時間在你呼吸裡抑揚 [33]

　　〈夜在呢喃〉詩句的段落編排是錯落有秩的，彷如夜色之流動，舒緩而自然，意境渾然天成而不做作。彷如近在鼻息，彷彿是自己對人生悠悠的呢喃，彷彿「時間在你呼吸裡抑揚」那麼自然。

參、第三階段： 夢想是被剪掉翅膀的天使

　　覃子豪在《畫廊》自序裡的第三階段說：

　　「在第三個階段中，我由神秘，奧義中發現事物的抽象性。〈瓶
　　之存在〉和〈域外〉，便是抽象表現的實驗。抽象的表現，既能
　　運用於繪畫，也能運用於詩。因為，事物本身便有一種抽象的

---

[33] 《畫廊》：頁 25—26。

特質。只是我們的觀念會認為：以抽象的語言表現抽象的感覺，其效果將遜於抽象的旋律之於音樂，抽象的線條之於繪畫。

實際上，抽象也具有形象的性質，只是這種形象我們不能給它的確切的名稱。表現這種抽象的形象，是由外形的抽象性到內形的具象性；復由內在的具象還原於外在的抽象。從無物之中去發現之存在，然後將其發現物化於無。〈瓶之存在〉便是用這種法則表現的。

而〈域外〉則是由抽象到抽象，沒有觀念，沒有情感，沒有感覺的無中之無。無中的無，乃有之極致。抽象為具象至極的純化所造成的一個純粹美的世界。

抽象的表現運用於詩，限制性較大，不是任何題材均可作抽象性的表現，「純詩」（Poesic　Pure）之難，即在於此。事物不僅有抽象性的一面，也有堅實性的一面。與抽象對立的是具象，具象並非堅實，具象是形狀，而堅實是物性。

我曾企圖在〈吹簫者〉,〈分裂的石像〉,〈Sphinx〉等詩中表現人物與事物的堅實性。堅實是純樸之一種，因為它的美，沒有裝飾性，且具有一種不可扭曲的硬度。它的實質和抽象的虛無感，是強烈的對照；它既無悅人的甘美，亦無不可捉摸的玄妙。它是一種肯定，一種充實，它的美便存在於肯定與充實之中。可是我尚未把這種美發揮盡緻。

我的另一種實驗是將動的抽象與靜的堅實兩者同時表現於〈肖像〉一詩中。肖像是從堅實的形體上去刻劃抽象的靈魂的面貌。是靜中之動，亦是動中之靜。它是抽象與具象所疊合的一個現代人的顏面。

我認為：詩的美應表現於內在，而非外貌之眩目。因此，我寫
〈黑水仙〉便是為證實我這一觀念。〈音樂鳥〉是我用交錯，換
位，變形的方法來表現我對音樂複雜的感覺。這是另外一個實
驗。[34]

　　覃子豪在上述第三輯《畫廊》自序裡的說法，無疑的替他自己的
努力與實驗，做了最好的解說與辯護，似乎無他人置喙的餘地。因為
沒有經歷這些階段性的揣摩與實驗的人，是不易去理解這些由「外形
的抽象性到內形的具象性；復由內在的具象還原於外在的抽象。」這
些事物形體外表的抽象性與內在形體具象性的轉換關係，和再由事物
內在的具象還原於事物外表的抽象之間，所獲得之感覺差異的經驗。
　　覃子豪從這些實驗所獲得的經驗，融入個人的思想與歷練，轉化
為創作。使得這一時期的詩作更為精練，形象與創作手法滲入更多的
哲理與冥想，而獲得讀者更高的肯定。我們試看這首〈域外〉：

　　　域外的風景展示於
　　　城市之外，陸地之外，海洋之外
　　　虹之外，雲之外，青空之外
　　　人們的視覺之外
　　　超 Vision 的 Vision
　　　域外人的 Vision

　　　域外的人是一款步者
　　　他來自域內
　　　卻常款步於地平線上

---

[34] 《畫廊》：頁 1—4。

　　雖然那裡無一株樹，一匹草
　　而他總愛欣賞域外的風景[35]

　　〈域外〉的風景既然展示於城市之外、陸地之外與青空之外，和超乎人們的視覺之外，即表示域外的風景是個人的想像與冥思，是超乎視覺之外的。那麼「超 Vision 的 Vision\

　　域外人的 Vision」雖然眾人的解讀雖不盡相同，但是覃子豪既然不用中文的意思「視覺或視力」一定有他的道理，就是也提供讀者想像的空間，那意思超乎中文的字面解釋。而筆者揣摩作者的意思解讀「超 Vision 的 Vision \ 域外人的 Vision」爲「超視覺的視野 \ 域外人的視界」當八九不離十了。

　　「域外人」是詩人自我的描述與寄託。如同眾人一般生活在有形的場域之內，然而「域外人」卻看到了有形之外的、冥思的域外的風景，縱然那裡無一株樹、一匹草，是個苦悶的域界。〈瓶之存在〉、〈分裂的石像〉、〈吹簫者〉、〈肖像〉等詩，亦是如此，都溶入詩人強烈而特有的意志與身影。《畫廊》裡的佳句俯拾可得，例如：

　　當星月西移，一流浪人將在此殯葬
　　燈，及時的鑿石壁爲他浮雕一個側影
　　　　　　　　　　　　　　　— 〈燈〉 [36]

　　抽屜之城，沒有牧歌
　　牧歌是古代墓碑上斑剝的石紋
　　沒有夢想

---

[35]　《畫廊》：頁 43。
[36]　《畫廊》：頁 57。

夢想是被剪掉翅膀的天使

              —〈牧羊神的早晨〉[37]

當金星升上船桅
便去橋牌中尋古典美的皇后
時間的潮汛到來，在一陣睡眠之後
意志驚蟄，把寂寞的包裹
蓋上星月的郵戳
投入酒吧中

              —〈水手的哲學〉[38]

因為固定便是死亡
就這樣沒有糾葛的活著
就這樣去逃避一個世界，追求一個世界

             —〈水手的哲學〉[39]

這肖像是一個詮釋
詮釋一個憔悴的生命
紫銅色的頭顱是火燒過的岩石
他是來自肉體的煉獄

他的靈魂在吶喊
我聽見了聲音

               —〈肖像〉[40]

---

[37] 《畫廊》：頁 58。
[38] 《畫廊》：頁 63。
[39] 《畫廊》：頁 66。
[40] 《畫廊》：頁 69。

有懷鄉病的浪子常在咖啡室中獨坐
坐一個有虹的早晨，坐一個無星的夜晚
我的懷鄉病早已溺斃杯中
且讚美不羈之流謫
而我坐於夢幻的室內

—　〈室內〉[41]

我是一株愛思維，愛夢想的植物
沒有花的矜持，而有結果子的夢想

……　……

如果窗帷上的圖案
是你手植的森林
我就隱居在那藍色的林中
以青色的眼睛，看自己
如何以思維和夢想結成
圓圓的果
然後在沉寂中聆聽無人採擷的
無人撿拾的墜落

—　〈隱花植物〉[42]

芬芳的土地是種植夢幻的田畝
每一朵玫瑰都藏著一個令我眩惑的夢
夢不可攀採，而我瘋狂的摘取
那瞬息開落的花朵

---

[41] 《畫廊》：頁 70—71。
[42] 《畫廊》：頁 74—75。

……　……

你是盜火者
我是吻火的人

— 〈玫瑰〉[43]

　　以上列舉的佳句，皆是此詩集中創新的詩語言，皆有畫龍點睛之效。

肆、結語：　生命和詩的結論

　　《畫廊》於民國五十一年四月出版後，覃子豪的創作藝術獲得了更多的掌聲與肯定。因為人們看到他不停的學習與成長，不因已有的名望而故步自封，而因此自滿或倚老賣老。

　　《畫廊》不論斷句或意象都更準確與完整，詩語言的創新更為豐富。可見他在經歷大時代苦難的磨練、現代詩論戰的相互洗禮與現代詩教學的教學相長，對於他創作的影響是互動的，是成長的助益。就在詩藝進入爐火純青之際，詩人罹患了膽道癌，到天國向「繆斯」朝聖去了。現代詩的天空，藍星化為流星殞落黑暗的大地，留下無數的驚嘆與懷念。

　　〈雲屋〉、〈過黑髮橋〉是他最後的兩首創作，當在《畫廊》出版之後，形式與內容跳脫了《向日葵》時期象徵主義的實驗與苦悶的轉寫；也超越了《畫廊》古典主義的嚴密結構和巴拿斯詩派冷峻的刻劃，而趨向神秘主義的意境。甚至可以說是其融合各種現代主義，所做的突破與進步。試看〈過黑髮橋〉：

---

[43] 《畫廊》：頁 76—77。

佩腰刀的山地人走過黑髮橋
海風吹亂他長長的黑髮
黑色的閃爍
如蝙蝠竄入黃昏

黑髮的山地人歸去
白頭的鷺鷥，滿天飛翔
一片純白的羽毛落下
我的一莖白髮
溶入古銅色的鏡中
而黃昏是橋上的理髮匠
以火焰燒我的青絲

我的一莖白髮
溶入古銅色的鏡中
而我獨行
於山與海之間的無人之境

港在山外
春天繫在黑髮的林裏
當蝙蝠目盲的時刻
黎明的海就飄動著
載滿愛情的船舶

　　　　(注)黑髮橋為台東去新港途中之一橋名　　[44]

　　黑髮橋位於臺東去新港途中，是詩人因糧食局職務需要，奔波花

---

[44] 《覃子豪全集 I 》台北，覃子豪全集出版委員會，1965·詩人節。頁 434—435。

東之際，先為橋名黑髮所懾，繼則環顧觀察，醞釀詩情、有感而發。詩人創作，不乏這種興於末而成於本的情形。

詩人先是寫景，預作伏筆，寫黃昏所見的情景與意象，繼而由景入情 — 由白鷺鷥落下羽毛而導入「我的一莖白髮」，相對時已入黃昏，而黃昏燃燒我的青春，層層進逼，詩人的寂寥與悲悵之情，躍然紙上。〈過黑髮橋〉虛寫黑髮，實寫白髮，亦即對人生自我的觀照。有深沉的思想內涵與對人生漸入老年，時不我與的感慨。

但是詩人並不因此而自怨自艾，反如其一生的奮鬥過程一般，在最後一段詩裡，轉落寞消極為積極主動進取的創造。詩人楊牧(葉珊)對〈過黑髮橋〉這首詩的評價與覃子豪人生經歷的寫照，有最佳的詮釋：

> 此末段之首二行是鎔思鄉和憶舊於一爐的感慨技巧，華年已去，可待成追憶，但於蝙蝠目盲的惘然時刻，心情彷彿回春，似真似幻，展現另外一個黎明。
>
> 首段的蝙蝠本屬唐突，至此反而自然神異，在那盲目飄搖之間，詩人又以愛情結束他生命追尋的燔祭：〈過黑髮橋〉也許是覃子豪最後一首詩，至少對於後世讀者而言，它在全集之末。此詩不長，但既響應了早期覃子豪充斥字裏行間的孤獨情緒，又點明了晚年黃昏火燄燃燒的皇皇色彩，正好可以收束詩人各種飄搖動盪的意象，是準確是曖昧。總而言之，已經是生命和詩的結論。
>
> 這個結論不誇張，也不囁嚅，覃子豪的最後一行沉重地肯定了愛情，他一生對於愛情的信仰，更肯定了他多年為眾所樂道的頭銜，愛情載在船上，覃子豪曾經是名噪一時的「海洋詩人」，

　　他仍然是海洋詩人。這首詩的另一層意義，是超過歷史性而為
　　美學批評性的意義。

　　覃子豪於〈詩的解剖〉一書的最後一篇裏，提倡「自單純進入
　　繁複」，此原則不算太差，但自單純進入繁複，亦不可沒有限度。
　　質言之，繁複如〈瓶之存在〉，實非現代詩必然的優點。再質言
　　之，詩的理想，最後仍然應該自繁複回到單純，見山是山，見
　　水是水，此一理想，參差可見於〈過黑髮橋〉。[45]

　　若說人生有三個階段：從第一階段「見山是山、見水是水」，到第
二階段「見山不是山、見水不是水」，最後回歸「見山仍是山、見水仍
是水」的階段。創作又何嘗不是呢？覃子豪從最初浪漫、寫實的《生
命的弦》、《自由的旗》第一階段，生命與生活的表象；漸漸邁入「見
山不是山」第二階段《海洋詩抄》、《向日葵》，是向另一個自我以及生
命意義探索的階段；最後回歸「見山仍是山、見水仍是水」的第三階
段，如《畫廊》及〈雲屋〉〈過黑髮橋〉，是一種返老還童式的反璞歸
真與對生命意義探索過後的了然。

　　覃子豪已經邁入對人生與創作的第三階段，〈過黑髮橋〉是覃子豪
生前最後一首創作，將自己的生活經驗與生命意志，融入詩作於無形，
顯現另一種創作高峰的起點，惜天妒英才也。

---

[45]　楊牧：〈覃子豪紀念〉《楊牧自選集》，台北，黎明文化公司，1975 年，頁291
　　—304。

第四章：與紀弦現代派的論戰

—關於戰後台灣第一場現代詩論戰

「領導新詩再革命，推行新詩的現代化」[1]是紀弦領導的現代派所率先呼出的口號。然而其「主知」與「橫的移植」說卻掀起二次大戰戰後初期台灣現代詩壇風起雲湧的文藝思潮與論戰，促使當時的詩人們逐漸擺脫政策主導的「文學他律」而走向詩壇獨立美學的開端[2]。一般論者僅轉述了當時論戰的經過，做一般的呈現，缺乏對於論戰內容與前因後果的分析與探討。

論戰是文人之間的筆仗，不僅蘊含個人理念的運作，且有代表時代思潮的意義。我們以後人的姿態觀察當時風起雲湧的論戰風潮，會發現：批評是一種鼓勵，而指摘是另一種關心。所謂「愛之深，責之切」若非出自真心的關切與期許，旁觀者盡可冷眼旁觀，漠然以對。

本文的目的，即欲梳理四十年代戰後台灣最重要的第一場現代詩論戰——關於與覃子豪與紀弦(1913—)的現代詩論戰的形成、經過與結果，探討論戰發生的前因後果與論戰的實質內容。釐清一段即將模糊的現代詩史。

---

[1] 紀弦主編《現代詩》第十三期台北，現代詩月刊社，1956 年 2 月 1 日， 封面裡。
[2] 應鳳凰：〈台灣五十年代詩壇與現代詩運動〉(上)《台灣詩學季刊》38 期 91 年 3 月，頁 92—109。

第一節：論戰的背景

　　二次世界大戰結束後不久，國民政府因中共全面赤化大陸而播遷來台，復因白色恐怖與反共政策的影響，一時台灣詩壇充斥著政治口號詩與戰鬥詩；而自五四運動以來的白話詩與新月派的格律詩仍未斷奶，且許多的浪漫主義作品，幾乎變成濫情主義的代言人。自日據時期即有的島內詩人實驗性現代主義作品的詩風與大陸來台詩人攜來的現代主義詩想，結合從日本與西方等世界各地傳播而來的西方象徵主義、超現實主義為主的現代主義詩潮，早已自四面八方悄悄地滲入了現代詩人的血液裡。例如當時的紀弦、覃子豪、林亨泰(1924—)、余光中(1928—)、方思(1925—)、鄭愁予(1933—)、白萩(1937—)、瘂弦、林泠(1938—)、洛夫、羅門、蓉子、、、等詩人的創作，早已脫離白話詩的影響，通過現代主義思潮的洗禮，悄悄跨進了現代詩的大植物園。

　　紀弦於民國四十二年二月一日獨資創辦現代詩季刊社，獨自發行《現代詩》詩刊。主要的編輯方向仍一貫承襲其「主知」的路向，刊登的詩創作亦充滿其至情至性的強烈個人主義色彩。在刊登翻譯西方現代詩作與理論部分，皆以現代主義主知路線的詩人作品為主，例如第五期心平翻譯的〈梵樂希論〉、第九期方思翻譯的〈勞倫斯詩抄〉等。在社論中持續的強調發表主知的言論，例如第六期〈把熱情放到冰箱裏去吧！〉、第十二期〈詩是詩歌是歌我們不說詩歌〉等等。

　　另一方面為「反對當時氣焰高漲猖獗一時的口號詩和八股詩」[3]與

---

[3]　參見麥穗：《詩空的雲煙》北縣‧新店，詩藝文出版社，　1998年5月初版，頁

制衡紀弦的《現代詩》強烈狂莽主觀的主知路線，由夏菁、鄧禹平、覃子豪、鍾鼎文、余光中、、等人發起，於民國四十三年三月組成了以純正詩藝、抒情路向為主的「藍星詩社」。其同仁發表的園地仍以覃子豪在公論報主編的《藍星週刊》系統為主。強調的是主知與抒情主義並重、象徵主義為技巧的現代主義路線。

　　而由張默、洛夫、瘂弦等人組成，倡議「新詩民族路線，掀起新詩的時代詩潮」[4]的「創世紀詩社」亦在民國四十三年十月成立。反對的亦是吟風弄月「消閑詩」、無病呻吟的「訴苦詩」、無的放矢的「謾罵詩」、盲目附和的「口號詩」、生硬苦澀的「教條詩」[5]、、、等等。在當時「創世紀詩社」是較傾向支持藍星詩社「主知與抒情主義」並重的一方。但是在稍後現代派(詩社)漸漸趨向沉寂的時候，「創世紀詩社」卻逐漸步向現代詩社主知的現代主義後塵，並發展出自己以超現實主義為主的路線。

　　一時之間，詩壇形成兩大「黨派」暗中較勁的態勢。明的為詩刊對詩刊、集團對集團爭取詩壇主要發言權與主導權之爭；實則亦是兩大「霸主」的君子之爭，良性競爭「詩壇盟主」的領導地位的開端。但是論戰的實質內容仍是以爭辯現代詩的地位(定位)與實質創作的內涵與作法為主。

67。
[4] 參見創世紀編委會編《創世紀詩刊》創刊號〈創世紀的路向〉左營 ，1954 年 10 月 10 日，頁 2。
[5] 見〈創世紀的路向〉《創世紀詩刊》創刊號：頁 2。

第二節：論戰的緣起

紀弦與《現代詩》季刊的發行與主知路線論述，經過一段時間的醞釀與累積實力(拉幫結派？)，終於在創刊後第四年「由紀弦發起，經九人籌備委員會「紀弦、葉泥(1924—)、鄭愁予、羅行(1935—)、楊允達(1933—)、林泠、小英、季紅、林亨泰」等籌備的現代派詩人第一屆年會，於民國四十五年一月十五日下午一時半假台北市民眾團體活動中心舉行，出席者四十餘人，洛夫代表創世紀詩社列席觀禮，公推紀弦爲主席宣告現代派的正式成立、、、」[6]並在二月一日出刊的《現代詩》十三期刊登現代派消息第一號。在封面標示「現代詩社發行」的「現代派詩人群共同雜誌」。

筆者觀察，由《現代詩》的發行單位「現代詩季刊社」到揭示爲「現代詩社發行」的「現代派詩人群共同雜誌」觀之，可說是由一人獨撐發行了三年的詩刊變成「現代詩社發行」的「現代派詩人群共同雜誌」。(雖然仍由紀弦一人主導主編)可看出「現代派」的籌備與成立過程，無異於廣義之組織不強的「現代詩社」的成立過程。鬆散的組織與共相性不強的結果，龐大的一百一十五名詩人「現代派成員」，旋即被主知與抒情並重的「藍星詩社」與改傾向超現實主義的現代主義詩社「創世紀詩社」所吸收，有的爲後來崇尚本土現實主義的「笠詩社」吸收或甚至消聲匿跡。真正出來爲「現代派」辯護的寥寥無幾。

然而，造成現代詩論戰的「主角」在此時上了戰場，由「現代派

---

[6] 紀弦主編《現代詩》第十三期，台北，現代詩月刊社，1956 年 2 月 1 日 ，頁 2。

盟主」紀弦主稿[7]的六大項〈現代派的信條〉醒目的刊在第十三期的封面：

1. 我們是有所揚棄並發揚光大地包含了自波特萊爾以降一切新興詩派之精神與要素的現代派的一群。

2. 我們認為新詩乃是橫的移植，而非縱的繼承。這是一個總的看法，一個基本的出發點，無論是理論的建立或創作的實踐。

3. 詩的新大陸的探險，詩的處女地之開拓。新的內容之表現；新的形式之創造；新的工具之發見；新的手法之發明。

4. 知性之強調。

5. 追求詩的純粹性

6. 愛國。反共。擁護自由與民主。

　　紀弦揭示這六大信條的主要目的是針對當時現代詩壇的某些現象予以矯正，例如前述的白話詩、口號詩、戰鬥詩、浪漫主義的濫情詩、、等等，立意是非常好的、非常進步的。無疑爲一些當時紛雜而無所適從的現代詩作者，指引了一條「可行」的方向。並在內頁刊出初期加盟者八十三人[8]之名單與〈現代派信條釋義〉闡釋其現代派的六大信條。

　　第一條：所指稱的新興詩派，包括 19 世紀的象徵主義，20 世紀的後期象徵派、立體派、達達派、超現實派、新感覺派、美國的意象派、及純粹詩運動，總稱爲「現代主義」。紀弦要揚棄的是不健康、不

---

[7] 見《現代詩》第十三期：此說紀弦主稿，是因 1 月 15 日的大會建議與討論的六項「決定」(如第一項爲：以《現代詩》爲現代派詩人群共同雜誌並強化其內容、、、)並非此 2 月 1 日封面刊出的六大信條。

[8] 現代派加盟人數：《現代詩》第十三期刊登 83 位加盟者名單。第十四期增加 19 人。第十五期增加 13 名。共 115 名。

進步的部份。然而紀弦對於「現代主義」的認識似乎是片面而主觀的，對於哪些部分要揚棄，要發揚哪些具體健康的部分；甚至哪些是健康的，哪些是病的，都沒有一套合理的說詞與論述，幾乎全憑個人主觀意識與好惡放言，以至於跟隨者無所適從；卻給批判者反以其矛攻其盾。

第二條：指出新詩不論在中國或日本總之是「移植之花」，非唐詩、宋詞之類的「國粹」。必須汲取西方營養才能使新詩打破國界，獲得國際聲譽。紀弦的本意是要闡述現代詩的起源與表現作法，急欲擺脫傳統詩作法的素縛，希望台灣的現代詩能與國際上流行的現代主義接軌。內涵中或許還是中國的，但是文義上卻給人其急欲拋棄固有傳統文化與美德之嫌。關於這一點，最是引起文壇與詩壇震撼，炮火猛烈的群起攻之。

第三條：強調新的內容之表現；新的形式之創造；新的工具之發現；新的手法之發明。總之詩要有新的內容與形式，要求日新又新。

第四條：知性之強調。反對浪漫主義，重知性，排斥情緒告白，要求以高度的理智從事創作。排斥情緒告白與濫情的浪漫主義是大家都贊成的，但是紀弦卻把詩中的抒情成分完全排除，反對所有的浪漫主義(不管好與劣)。只強調詩中只應有高度的主知與理性成分。這也是另一條主要被強烈質疑與攻擊的論點。

第五條：追求詩的純粹性。要求排除非詩的雜質，使之淨化、醇化。要求每一詩行，甚至每一個字，都必須是純詩的而非散文的。

第六條：愛國。反共。擁護自由與民主。用不著解釋了。從第六條的釋義「用不著解釋了」來看，可以推證二件事：一是增列這條「教條式」的信條，是給有關當局看的，唯恐在當時政治肅殺的氣氛下，因「拉幫結派」而罹幟罪名，因為在他爾後對此信條的推動上，是消

極而聊備一格的；二是由此簡單的六個字的釋義可見，紀弦其人主觀性格的率真與豪邁了。

第三節：批判的號角

面對這六大信條，當時文壇攻擊最烈的是第二條「橫的移植說」與第四「主知的強調」。

首先發難的是保守派雜文家寒爵，馬上在《反攻》半月刊第一五三期發表〈所謂「現代派」〉一文進行批判[9]，文中主要舉『中國的『現代派』「前期」承繼者，已被時代所吞沒了、、、』並在文末舉林亨泰所實驗性創作的一首立體派造型詩〈房屋〉為例：

笑了

　齒　　齒

　齒　　齒

　齒　　齒

　齒　　齒

哭了

　窗　　窗

　窗　　窗

　窗　　窗

---

[9] 見寒爵〈所謂「現代派」〉，刊《反攻》半月刊第一五三期，台北，反攻出版社，1956 年 4 月 1 日，頁 20—22。
　另參見紀弦主編《現代詩》第十四期台北，現代詩社發行，1956 年 4 月 30 日，頁 70—73。 紀弦反駁寒爵先生所用的引文。

　　　　窗　窗[10]

加以嘲笑，諷寓紀弦的「後期現代派」亦將被時代所吞沒：

> 「後期的承繼者又要『發揚光大地』把『包容了自波
>
> 特萊爾以降一切新興詩派之精神與要素』帶進自由中國的文
>
> 壇，我真不知道是應該『齒齒齒……』還是應該『窗窗
>
> 窗……』？」。

　　紀弦在《現代詩》第十四期〈談林亨泰的詩〉[11]對這首詩有所解釋：

> 「這是一首符號詩，這是『看』的，不是『聽』的。這是訴諸
>
> 『視覺』的，不是訴諸『聽覺』的。……八個『齒』字的排列，
>
> 可說是關上了百葉窗時的房屋，八個『窗』字的排列，可說是
>
> 打開了百葉窗的房屋，至於『齒』所象徵的『笑了』和『窗』
>
> 所象徵的『哭了』，豈不是除了他們本來的意味之外，還可以看
>
> 作是房屋的煙囪嗎？總之，作為一首符號詩的『房屋』就是房
>
> 屋，用眼睛去理解吧！在這裡，實在沒有人生的大道理。只有
>
> 愚蠢如費朗羅者，才用詩來說教。」

　　紀弦在此的解釋不但是愈說愈令讀者糊塗了，而且更自曝其短——「實在沒有人生的大道理」，既然沒有人生的大道理何必提倡現代主義？何必「橫的移植」進來「發揚光大」呢？愈描愈黑的結果，徒增加被攻擊的藉口而已。

　　寒爵認為大部分加盟現代派者是盲目的：

> 『我想他們的成員之中至少有一大部分，是在不自知之中已「盲

---

[10]　見《現代詩》第十三期：　頁 14。

[11]　紀弦主編《現代詩》第十四期台北，現代詩社發行 1956 年 4 月 30 日，頁 66—
　　69。

目地」被人所「誣陷」了！那就是：在所謂「信條」的「絕對
精神」鼓舞之下，將一步步的離開了現實的「人生」境界，而
邁進那個充滿「頹廢」意識形態的藝術冷宮。』

又說：

『誰又能歪曲史實的硬把「現代派」和十九世紀的世紀末文藝
思潮扯開使之不相關聯呢？即使有人想這麼做，那恐怕也只是
暫時的騙一騙那些「盲目」的「群」罷了！』……『至於那些
足以導致這個小宇宙的文藝新生氣象毀滅的頹廢渣渣，還是且
慢「橫的移植」進來吧！、、、』

　　文中並且請出紀弦所推崇的象徵主義大師波特萊爾，根據近代歐
洲文學史乘記載的波特萊爾與生活一致的頹廢思想，因耽溺放蕩而被
放逐，回國後在巴黎廝混於酒色與鴉片毒品之中，終其一生藉以逃避
現實生活的經過。諷刺紀弦主導的「現代派」對西方的文藝思潮與演
進，並沒有作全盤的了解而盲目地模稜兩可的「橫的移植」進來。因
為西方大部分的現代主義新文藝主張幾乎都是前一個文藝思潮的反
動，例如象徵派是浪漫主義的反動；達達派正是反對立體派而出現的。

　　寒爵〈所謂「現代派」〉一文出現，頓時引起紀弦的緊張，馬上在
月底《現代詩》第十四期發表一篇近七千字〈對〈所謂「現代派」〉一
文之答覆〉[12]。文中相對比較主觀的提出反駁「我實在不知道他對現
代派為什麼會這樣的仇視？」對於寒爵指摘：

「誰又能歪曲史實的硬把「現代派」和十九世紀的世紀末文藝
思潮扯開使之不相關聯呢？即使有人想這麼做，那恐怕也只是
暫時的騙一騙那些「盲目」的「群」罷了！」

---

[12] 《現代詩》第十四期：頁70—73。

的批判，導向反指寒爵意圖「對我們現代派的團結妄圖破壞」而未解釋其現代派信條「橫的移植」理論是根據西方哪些門派的的釋義著眼，與以有系統的反擊。反而耍起主觀的性格：

> 「假使我們現代派的成員之中有以為這條路是錯的，那麼他盡管退盟好了」。[13]

　　論爭辯駁的文字偶而展露情緒性的表現，適可而止；通篇皆為主觀的、片面的獨白反駁，形同馬腳盡露，只是顯示紀弦對於自己所提倡的「現代派」所標榜的現代主義文學思潮認識不足與文藝理論基礎的貧乏而已。

　　此外，還有林亨泰的闡述〈關於現代派〉(十七期 46.3.1)〈符號論〉(十八期 46.5.20)及紀弦陸續在《現代詩》各期又發表了一些近乎告白式的社論：

　　〈從「形式」到「方法」〉〈紀弦獨白〉(十四期 45.4.30)

　　〈不跟他們一爭一日之短長〉〈現代詩的特色〉(十五期 45.10.20)

　　〈自反而縮雖千萬人吾往矣〉(十六期 46.1.1)

　　〈抒情主義要不得〉(十七期 46.3.1)

　　〈新與舊·詩情與詩想〉〈捧與罵·做詩與做人〉〈詩壇的團結和我們的立場〉(十八期 46.5.20)

　　這些紀弦的「詩論」幾乎千篇一律為詩的告白與主觀的辯駁，真正的詩論成分卻很少。所引起的迴響倒不如〈現代派的信條〉剛推出時所引爆的議論之震撼。

---

[13] 《現代詩》第十四期：頁 70—73 。

第四節：覃子豪與紀弦的論戰

現代派「六大信條」公佈之後的第二年，民國四十六年覃子豪在其主編的《藍星詩選》第一期的「獅子星座號」上，發表〈新詩向何處去？〉[14]一文作為回應，大意如下：

一、詩的再認識。

自十九世紀末法國高蹈派的先驅詩人戈底埃(Theophile Gautier)提出「為藝術而藝術」的口號以後，影響所及，以後的詩人們很少在詩中去要求人生的意義。……以致許多詩人認為詩不過是純技巧的表現，不必在詩中要求意義。其實，技巧不過是詩的表現手段，不是表現人生、影響人生的目的。……完美的藝術，對人生自有其撫慰與啟示，鼓舞與指引。詩尤其具有這種功能……

二、創作態度應重新考慮。

梵樂希說：「詩人的目的，是在和讀者作心靈的共鳴，和讀者共享神聖的一刻。」要考慮讀者的感受力及其理解的極度。考慮作者和讀者之間存在的密切關連，作品本身應具有比讀者的抗拒力更大的吸引力，在作者和讀者兩座懸崖之間，尋得兩者都能望見的焦點，這是作者和讀者溝通心靈的橋樑。……

三、重視實質及表現的完美。

---

[14] 覃子豪主編：〈新詩向何處去？〉《藍星詩選》第一期「獅子星座號」，1957 年 8 月 20 日。

要使詩具有吸引力，實質為主要因素。詩的實質是指詩質純淨，豐盈，而具有真實性，並有作者的主旨存在。詩的敵人，就是語言的繁冗。不可漫不經心的運用未經深思熟慮的意念和未經鍛鍊成熟的語言，而失卻詩的效力。只有嚴肅的創造，方能臻藝術於完美。⋯

四、尋求詩的思想根源。

只有藝術的價值，而無思想為背景，藝術價值也會降低。思想是詩人從現實生活的感受中所形成的人生觀和世界觀。現代主義派運動的停頓，就是沒有哲學為背景，忽視了對真理的追求。⋯不必直接在詩中放進教誨之類的東西，而是不知覺的流露。梵樂希說：「思想藏於詩中，如營養價值之藏於果實中。」

五、從準確中求新的表現。

詩因準確才能到達精微、嚴密、深沉、含蓄、鮮活之極致。表現亦將由此有了新的變化。自由詩，並非沒有限制，準確就是它的限制，並非沒有法則，準確就是它的法則。

六、風格是自我創造的完成。

風格是自我創造，風格是氣質的表現。自我創造包括民族氣質、性格、精神等在作品中無形的展露。中國的新詩是中國的，也是世界性的，唯其是世界性的，更要有自己獨特的風格。[15]

此篇文章不僅就詩壇內紀弦等人的論點做客觀的修正，並對詩壇外部寒爵等人的批判與誤解提出澄清。對當時現代詩運動的流弊提出

---

[15]　見《覃子豪全集 II》覃子豪全集出版委員會 1968 年詩人節初版　頁 304—312。

建議，提供新詩發展與尋求可行的正確新方向。對於現代詩趨向主知
與抒情的路向，作更詳實的闡述，說明任何一個新文化的產生，除了
時代和自己的社會文化可作爲背景之外，外來文化的刺激、影響亦爲
重要因素之一。但仍應該以自己的社會民族文化爲基礎，一味盲目的
採用「橫的移植」，將導致無根的後果。

　　由此可知，覃子豪並非完全排斥外來的影響，而認爲如果能將不
同文化與新文藝潮流的營養予以吸收、消化之後，可促進本國文化的
新陳代謝，成爲現代文化發展的新動力。他認爲中國新詩不應只是西
洋詩的回音或尾巴而已，不僅應該具備現代詩的特質，亦應具有傳統
思想優良的內涵與文化優美的特質——「若全部爲『橫的移植』，自己
將植根何處？」。針對紀弦的六點宣言激進偏頗的部分予以修正，揭示
六點新詩發展的新方向以爲現代詩創作者的反省，作爲「目前新詩發展
的方向」，意圖將現代詩由狂飆與錯亂的歧路導入正軌。

　　紀弦面對覃子豪的批評與責難，隨即在《現代詩》第十九期發表
一萬字左右的〈從現代主義到新現代主義——對於覃子豪先生「新詩
向何處去」一文之答覆上〉[16]加以反駁，「藍星」和「現代」詩社的論戰
由此展開。然而這篇近萬字的文章中，除了少數論點如「無形的法則，
不定的法則，較有形的法則更難運用。」贊成覃子豪的論點外，實爲
反對而反對的辯駁，例如他說：

　　　　「覃子豪說：『最理想的詩，是知性和抒情的混和產物』，那是
　　　　他們折衷派的想法，我們可不採取這樣的作法。因爲要是對抒
　　　　情主義稍作讓步的話，那就很難做到徹底現代化了。」又說「我
　　　　們的現代主義是革新的而不是因襲的，並尤其不是所謂世紀末

16　紀弦主編《現代詩》第十九期，.台北，現代詩月刊社 1957.8.31 頁 1—9。

的，去其病的而發展其健康的，揚棄其消極的而取其積極的，

都稱之為後其現代主義或新現代主義……。」

文中如同對寒爵的回應一般，對於何為病的？何為健康的？何為積極的？何為消極的？仍無具體的解釋與答覆。

　　紀弦在第二十期繼續發表約萬字的〈對於所謂六原則之批判─對於覃子豪先生「新詩向何處去」一文之答覆下〉[17]提出對覃子豪「新詩正確方向六原則」逐條的辯駁。指陳覃子豪誤以為「橫的移植」即是「原封不動的移植」，實則是基於新詩史的考察和文化類型學的原理應用在新詩方面，新詩本非中國的產物，這是一種史的事實，經由第二、三代詩人的努力，克服困難、發展至今，終又成為民族文化的一部份。但可笑的是他對〈新詩向何處去？〉一文實質建議的反對，開頭他說：

　　　　「覃子豪先生所提的六『原則』，不僅大部分似是而非，而且瞎
　　　　罵一陣，有失『論者風度』，這是最要不得的。他的第一個『原
　　　　則』是『詩底再認識』。在這裡，我實在不知道除了『人生的意
　　　　義』這夠堂皇然而極空洞的五個字之外，他究竟還『認識』了
　　　　些什麼。因為他離開了『詩本身』。…」

　　覃子豪繼而在《筆匯》二十一期(1958、4、16)寫了〈關於新現代主義〉[18]，指陳紀弦對於從象徵派以降的許多新興詩派，沒有統貫性的了解，以致於沒有把握時代的特質，創造一個更新的法則，作為前進的道路。例如他反駁紀弦的第一條信條：

　　　　「所謂『現代派』竟包容了如此多的詩派，這些派別各有其理

[17] 紀弦主編《現代詩》第二十期，.台北，現代詩月刊社 1958.12.1。頁 1—9。
[18] 《覃子豪全集 II》：頁 313—314。

論，各有其特徵。就以『立體主義』(Cubism)和『達達主義』
(Dadaism)而論，兩個主義的觀點完全不同，甚至互相排斥。立
體派的根本主張是造型意識，推崇數學和物理學的法則。其目
的是要除去生活觀察的混沌、無秩序底矛盾，而欲在生活內容
中建立合法的科學秩序(這正是紀弦先生所反對的有所為而
為)。而達達派所追求是原始觀念。達達(Dada)的本意；就是小
兒追求觀念的一種語言，是原始行為，討厭意義(是紀弦先生所
醉心的無為而為)。這兩派的觀念，就是互相排斥的。試問紀弦
先生如何把這兩種對立的理論加以統一？如何把『現代派』所
包容的各新興詩派間的精神與要素取得協調？」

他認為所謂現代主義的精神乃是反對傳統，擁抱工業文明。在歐
美工業文明發達至極的社會，現代主義尚且不能繼續發展，若企圖使
現代主義在半農半工的我國社會獲得新生，只是一種幻想，因為詩不
可能做超越社會生活的表現。因而他認為詩的外來營養，只能經吸收
和消化之後蛻變為自己的血液。「現代派」反而被一些沒落的詩派所
迷惑，無法求得健全的理論和確定的立場，游離於各新興詩派之間，
造成了消化不良的嚴重病態。

紀弦也於《筆匯》二十四期發表〈六點答覆〉(1958、6、1)對覃子
豪的這篇文章再次作類似的回應。

第五節：其他助陣者

在這場論戰中，藍星詩社繼起的有黃用、羅門、余光中、夏菁等
人為覃子豪助陣。針對《藍星詩選》第二期的「天鵝星座號」上黃用的

〈從現代主義到新現代主義〉、羅門〈論詩的理性與抒情〉(1957、10、25)兩篇詩論,以及余光中翻譯的史班德原文〈現代主義已經沈寂〉和余光中於《藍星週刊》發表〈兩點矛盾(上)〉、〈兩點矛盾(下)〉[19]與夏菁〈氣質決定風格〉(一、二、三)[20]。

紀弦在《現代詩》第二十一期回以〈兩個事實〉〈多餘的困惑及其他(答黃用文)〉[21]與第二十二期〈一個陳腐的問題〉外。現代派方面除了林亨泰以〈談主知與抒情〉[22]修正主知與抒情的問題為「主知與抒情」佔詩中百分比「成分」的問題,略助紀弦聲勢外,形成紀弦「單挑」藍星多位詩人的情形,對號稱有百位盟員的現代派來說毋寧是頗為諷刺的事,而這多少說明了現代派信條並未受到多數詩人贊同,所謂「信條」不過是紀弦一人的「信仰」的事實。

兩大陣線壁壘分明:一為強調主知而排除抒情成分、一為抒情與主知並重;一為橫的移植、一為吸收中西長處。二者是基於對新詩發展方向與內涵的主張而有不同論點,但都是對現代詩發展過程的關注與期許。雖然由於紀弦對「橫的移植」、「主知」與「現代主義」的內涵認識不清與彼此認知上的歧異而引起大家相互群起攻伐與批評。然而其改革現代詩的正面價值,仍受到肯定的。「現代派」的主知路線及其「現代化」的主張皆被往後的詩人們廣泛的吸收與創新,對現代詩發展的深度、廣度都有相當廣泛的影響。

---

[19] 余光中主編《公論報‧藍星週刊》第 6 版.余光中〈兩點矛盾(上)〉207 期 1958.7.27;〈兩點矛盾(下)〉208 期 1958.8.10。

[20] 余光中主編《公論報‧藍星週刊》第 6 版 夏菁〈氣質決定風格〉(一)209 期 1958.8.15;〈氣質決定風格〉(二) 210 期 1958.8.24;〈氣質決定風格〉(三)211 期 1958.8.29。

[21] 紀弦主編《現代詩》第二十一期,.台北,現代詩社 1958.3.1 頁 1—11。

[22] 《現代詩》第二十一期,頁 1。

第六節：結語

　　這場由紀弦與覃子豪為主，戰後初期台灣現代詩壇風起雲湧的文藝思潮論戰，隨著時間的推移，漸漸散場了。然而其影響卻是深遠的，紀弦發起的「現代派」提倡的現代主義詩運動可說是因勢利導的時代趨勢，恰巧他剛好站在風口上，勇敢的開了「辛亥革命」的第一槍，然而其主觀的人格特質與理論的貧乏，使得運動初期遭受各方衛道人士的質疑與批判，立場發生了動搖。幸而覃子豪等人繼起且提出客觀的〈新詩向何處去？〉等文章，提出中國傳統文化與西洋現代思潮可以互相結合、現實與鄉土必須同等關懷、主知與抒情並重等並行不悖的闡述。進而導正並捍衛現代詩革命的路向與戰果。

　　戰後台灣第一場現代詩論戰不僅引起詩壇的注目與自我改革，從而建立了現代詩的獨立美學基礎，更是掀起文壇與藝術界走向現代主義風潮的引信。歷史無須以成敗論英雄，如果以歷史人物形容他們對現代詩壇的影響與功績，紀弦與覃子豪的人格特質與形象，差可比擬項羽與劉邦。對於現代詩的改革與推展，誰都無法抹滅他們在現代詩發展史上奮鬥的功績。[23]

---

[23] 本文另以篇名：〈戰後台灣第一場現代詩論戰— 關於紀弦與覃子豪的現代詩論戰〉發表於《創世紀詩刊》140—141 期《創世紀五十週年紀念專號》，2004 年 10 月，頁 384—393。

第五章：覃子豪與《藍星宜蘭分版》

　　藍星詩社一直是我國現代詩壇的要角之一。它的刊物從早期的藉公論報發行的《藍星週刊》、宜蘭青年月刊社發行的《藍星宜蘭分版》[1]、瑩星資助的《藍星詩選》、到夏菁創辦的《藍星詩頁》、到成文、林白和九歌出版社贊助的《藍星季刊》、還有目前在淡江大學由中文系發行的《藍星詩學季刊》等等，因為環境與經費的關係，多依附在其他刊物或贊助而發行。這證明了風格各有特色的藍星諸詩人對於繆斯的熱愛程度，常常於環境的逆勢中，前仆後繼的在找尋發表的刊物園地，一直努力不懈的在尋找藍星「生命的出口」。

　　無論是《藍星週刊》、《藍星詩選》、《藍星詩頁》、《藍星季刊》等等，先後的主編不論是覃子豪、余光中、夏菁(1925—)、羅門(1928—)、蓉子或向明也好，幾乎都是血統屬於「正藍」的藍星同仁。只有《藍星宜蘭分版》的朱家駿(1930—1968)例外，這場意外促成的相知相遇，當非「美麗的錯誤」，姑且給他一個聳動的標題，亦可稱之為「藍星美麗的外遇」吧！筆者發現覃子豪其實與《藍星宜蘭分版》關係密切。

　　但是《藍星宜蘭分版》在坊間幾已失傳，筆者在蒐羅藍星相關的刊物與資料中，就文本資料淺介少為人知的《藍星宜蘭分版》，以為參考賞析。

---

[1]　藍星詩社主編：《藍星宜蘭分版》四十六年元月號，宜蘭，宜蘭青年月刊社，1957年1月。

第一節：《藍星宜蘭分版》的誕生

　　《藍星宜蘭分版》亦是在逆境中順勢而爲的產物。談到藍星宜蘭分版，不得不談到筆名朱橋的朱家駿（1930—1968），時任救國團宜蘭縣團委會文教組長的朱家駿，因爲編輯《宜蘭青年》的關係，接洽當時在公論報主編《藍星週刊》的覃子豪，協商《宜蘭青年》內發行藍星分版。

原意是要「專係刊登宜蘭青年詩者之作品」。從公論報上的《藍星週刊》第一〇七期的詩訊：

> 「宜蘭青年主編朱家駿先生與本刊編者協商出版藍星宜蘭分
> 版，本刊編者業已同意，並請朱家駿先生主編，該刊篇幅關於
> 宜蘭青年之內，約佔兩頁，專係刊登宜蘭青年詩作者之作品。」
> [2]

是這一場「外遇」美麗的緣起。

第二節：《藍星宜蘭分版》的出版情形

　　一般藍星詩人咸論《藍星宜蘭分版》只出版七期，即民國四十六年元月號至七月號（月刊）。

　　依據公論報上《藍星周刊》第一二五期的詩訊：

---

[2] 覃子豪主編：《公論報・藍星週刊》107 期，見台北，公論報社。1956 年 7 月 6日。

「藍星宜蘭分版創刊以來，立刻獲得廣大讀者之愛好與擁護，第二期已出版，三期在付印中，從第四期起決定讀者之要求擴大篇幅，革新內容，單獨向全省發行，每月出版一期，革新號定於四十六年元旦出版，每冊只收紙張費印刷費郵資台幣一元，全年十二期，長期訂戶全年收八元，半年四元。直接訂閱通訊處：宜蘭市渭水路一〇〇號宜蘭青年社藍星宜蘭分社。」[3]

從這個詩訊可見出二個端倪：

一、 是當時的物價水準。

二、 是宜蘭分版單獨發行前，已依附在宜蘭青年月刊發行了三期。惜筆者手頭只有一張殘缺剪下頁碼 27—28 的詩頁：刊頭署名「藍星」，27 頁是糜文開翻譯印度大文豪泰戈爾的詩作〈夢中情人〉；28 頁是詩人阮囊的詩作〈三人行〉與宜蘭青年署名「宜中西凌」的詩〈父親〉並列。

第三節：誰主編《藍星宜蘭分版》

《藍星宜蘭分版》雖然「掛名」由朱家駿主編，實際的組稿與編輯則與當時仍在發行的《藍星週刊》主編覃子豪脫不了干係。理由有四：

一、是分版的版面與編輯手法幾乎與覃子豪主編過的《新詩週刊》與《藍星週刊》之編排方式雷同，在單行本版權頁上印的「發行者」

是宜蘭青年月刊,「主編者」是藍星詩社。

　　二、是分版上出現的詩作水準與作者群都是一時之選,且與《藍星週刊》上的作品與作者群幾乎一致,甚至不遑多讓,且作者幾全與覃子豪交遊淵源甚深,甚至無任何一篇署名為「宜蘭青年」等學子的作品。況且朱家駿當時名氣仍未顯也。

　　三、是分版封底皆有覃子豪所翻譯的《法蘭西詩選》,除第七期為念汝(即詩人宋穎豪 1930—)所譯外,其餘配合封面刊登所譯者的肖像,且封面上的刊頭短論多為覃子豪所撰。

　　四、是在公論報《藍星週刊》第二〇〇期紀念特刊中,編者（時為余光中）[4]所露出的「馬腳」,在〈藍星二百期感言〉中透露:

> 「……除《藍星週刊》外,本社四年來之成績尚有:《藍星宜蘭版》,單行本創刊於四十六年元月,每月一期,共出版七期,由覃子豪主編………」。

　　由以上四點分析可知,《藍星宜蘭分版》共七期的單行本,概由覃子豪組稿與主編當無疑義。

第四節:美麗外遇的句點

　　《藍星宜蘭分版》單行本是以八開紙張雙面印刷,經對折再對折,

4　余光中編:《公論報·藍星週刊》第二〇〇期紀念特刊,1958 年 6 月 1 日。

裝訂成三十二開本，每期八頁的小詩冊，封面為套色印刷，西方詩人畫像與「藍星」二刊頭字皆為深藍色系。

在第一期〈刊期語〉即預告這場外遇美麗而短暫的命運：

> 「藍星宜蘭分版發刊以來，獲得作者與讀者熱情支持與愛護，使本刊同人萬分興奮與感謝。為答(謝)各作者與讀者期望，本刊決定擴大篇幅，充實內容，單獨印行，發行全省各地，在藍星總社未出版藍星月刊以前，本分版極願作一個急先鋒。篇幅雖然擴大四分之三，也許讀者們仍不免嫌本刊篇幅太小，但本刊同人對此小小的園地，仍然非常愛惜，我們始終有一個重質不重量的目的，我們不怕篇幅小，只怕內容不夠精彩。所以，我們在精益於精的原則下選擇水準以上的作品來發表，務使每一篇作品有其份量，有其價值。給蕪雜紛亂的詩壇一個新的觀感。………」

接著說出了《藍星宜蘭分版》的特色：

> 「本刊不在這裡標榜什麼主義。什麼派別。凡是藍星詩刊的讀者，會認識藍星常在發表的作品中顯示一個創作的道路，就是本刊的觀點，是不脫離時代，不超越現實，以新的風格表現今日生活的思想與感情，本刊同人願以極忠實的態度追隨在藍星諸公之後。為中國的新詩努力。……」

而這個「預告」很快就實現了。因為由覃子豪主編的《藍星詩選》即將在四十六年八月出刊，而一開始即定調為藍星詩刊急先鋒的《藍星宜蘭分版》單行本或因稿件質量因素，或者覃主編分身乏術，而就此功成身退了。

《藍星宜蘭分版》第七期的刊頭，〈預祝《藍星詩選》的誕生〉：「本

刊在元月號的刊前語中說：

> 「在藍星總社未出版藍星月刊以前，本分版極願作一個急先
> 鋒。」因為本刊篇幅小，不能容納多數作者的創作，與較為長
> 篇的詩論與介紹。對此，常覺遺憾。目前，藍星總社方面，決
> 定在八月間出版《藍星詩選》，二十四開本，共五十頁每兩月出
> 版一輯，為有永久性之叢刊。為覃子豪先生主編，我們相信這
> 類似選集而又有期刊性質之大型新詩出版物，是自由中國詩壇
> 出版界之創舉，《藍星詩選》無疑的能給予自由中國詩壇以決定
> 性的影響。
>
> 我們認為新詩刊物之出版不再求多，而要求精、求佳作與物力
> 之集中，方能有更良好之表現，藍星詩選第一輯，既然決定在
> 八月間問世。作為急先鋒之本刊，其任務算是達成。我們決定
> 以七月號為終刊號，將力量集中「藍星詩選」，因為「藍星詩選」
> 絕對能夠達到本刊同人和讀者願望。就此除向本刊作者致謝
> 外，謹以最大的熱忱預祝「藍星詩選」的誕生。」[5]

　　覃子豪在藍星「詩選」誕生的同時，在編完公論報上《藍星周刊》
一六○期[6]的同時，辭卸了主編的職責，委請余光中自第一六一期起接
編。（詳見一六一期啟事）只可惜，《藍星詩選》也只出版了兩期就無
以為繼了。

---

[5] 藍星詩社主編：《藍星宜蘭分版》四十六年七月號，宜蘭，宜蘭青年月刊社，1957年7月。

[6] 覃子豪主編：《公論報·藍星周刊》一六○期，1957年年8月2日。

第五節：結語

綜觀《藍星宜蘭分版》的成就有三：

一：是提供蘭陽地區青年學子現代詩的精神食糧，並埋下現代詩的種子。另外刊印一千份單行本發行全省，可謂紛紛擾擾的現代詩終於下鄉並爲各方所接受。其發行量驚人，在第五期的〈編後記〉記載：

> 「……本刊原附於藍星宜蘭月刊，該刊每期發行量五千份並另
> 印本刊一千份單獨發售，可以說本刊發行總數為六千份，實為
> 自由中國詩壇發行數最大之詩刊。……」[7]

就目前奄奄一息的詩刊發行數量來比較，《藍星宜蘭分版》發行量仍是非常可觀的。

二：是爲我們留下了美麗的詩篇，就選稿方面可謂達到〈刊前語〉所言「重質不重量的目的」。可以從發表的詩人余光中、蓉子、瘂弦、白萩、羅門、向明、鄭愁予、張秀亞(1909—2001)、吳望堯(1932—)、阮囊(1928—)、趙天儀(1935—)……等等的詩作來看，皆是一時之選的名篇。如瘂弦成名的佳作〈土地祠〉、〈羅馬〉、〈野荸薺〉、〈季候病〉、〈斑鳩〉、〈秋歌 — 給暖暖〉等；余光中的〈宇宙的鄉愁〉，蓉子的〈白雪之戀〉……等。

三：是提供了當時現代詩人馳騁的操場，發表的園地，並幫藍星詩社與現代詩壇拓展了現代詩更寬廣的疆界。

---

[7] 藍星詩社主編：《藍星宜蘭分版》四十六年五月號，宜蘭，宜蘭青年月刊社，1957年5月。

第六章：《海洋詩抄》修辭技巧探究

　　覃子豪的《海洋詩抄》[1]詩集，是我國有史以來第一部全部以描寫海洋為主題的「海洋詩集」，於民國四十二年四月由新詩週刊社出版。這在當時是空前的創舉，因為一反當時流行的反共抗俄戰鬥詩，清新流麗與浪漫抒情的筆調，獲得當時人們的喜愛，為他贏得了「海洋詩人」的美譽。

　　《海洋詩抄》出版時間的巧合，正是我國不論從政治經濟角度或文藝視野，開始從大陸觀點位移，成為邁向海洋世界的起點。《海洋詩抄》不僅題材創新、意象豐盈，且文辭富美、語法新穎，因而獲得了當時大多數人的關注與讚嘆。

第一節：《海洋詩抄》的構思

　　作者說：『第一次和海接觸，我立刻心悅誠服的作了海洋底歌者。』又說：『它(海洋)摹仿著人類的情感，面對人類的心靈卻又是創造的啟示。它充滿著不可思議的魅力；、、、我常常在回憶中去捕捉海千變萬化中的一瞬，如同去捕捉人底感情極微妙的那一頃刻、、、』(題記，頁 1—3)本文意圖藉由各種修辭方法，探索《海洋詩抄》作者所運用的修辭技巧，初探當時作者的心理情境，如何將傳統中國文學的

---

[1] 《海洋詩抄》 台北 ，新詩週刊社 ，1953 年 4 月初版。以下舉例僅列頁數。

「大陸心態」(當時政府播遷來台不久)轉而向「海洋世界」(世界的現代風潮)邁進。

覃子豪的《海洋詩抄》詩集共收錄詩作四十七首,除了前面幾首為早期詩作外,其餘皆作於民國三十五年至四十二年間,這期間正是他因時局或工作需要「流浪徘徊」於台灣海峽時期。這時期覃子豪的詩風格,傾向於浪漫主義與象徵主義,仍未完全進入現代主義階段。而浪漫主義與象徵主義的技巧,正是建立在善用譬喻與意象的基礎上,譬喻與意象正如我國古老的詩經之作法「比」與「興」二體的作法一樣。

第二節:修辭技巧舉隅

一、〈嚮往〉:

〈嚮往〉一詩作於三十五年十二月的廈門。當時我國正值對日抗戰勝利不久,然而覃子豪離開軍職後在大陸辦報、謀職皆不順遂,於是在民國三十五年五月隨台灣的友人至寶島謀求發展,由廈門經香港乘機帆船第一次至台灣,卻不順利。兩個月後再經香港返回廈門時已經是十二月,而且「衣衫破蔽、窮苦潦倒」,次女露露也早已經出生了。由詩作的背景來觀察此詩的第一段:

我像一隻快要悶死的鳥兒

隨時離開狹小的牢籠而離去

像西班牙海盜嚮往著黃金的島嶼

　　像大不列顛帝國的艦長嚮往著殖民地　(頁7)

　　〈嚮往〉一詩用「明喻」的技巧表現著詩人當時的創作心境,「我(喻體)像(喻詞)一隻快要悶死的鳥兒(喻依) /隨時離開狹小的牢籠而離去/像西班牙海盜(喻依)嚮往著黃金的島嶼/像大不列顛帝國的艦長(喻依)嚮往著殖民地」時值抗戰勝利、百廢待舉,偌大的中國土地卻無我棲身、發揮所長之地,我像一隻快要悶死的鳥兒想要「離開狹小的牢籠」像海盜、船長般,雖然經過一次的不如意,卻仍然嚮往著曾經是殖民地的黃金之島—寶島台灣。

　　此第一段詩句不僅用「譬喻」描繪心境,也用了「排比」與「層遞」法修辭——快要悶死的鳥兒→西班牙海盜→帝國的艦長;離開(出走)狹小的牢籠→嚮往著黃金的島嶼→嚮往著殖民地。

　　讓全詩的意境由小而大、由近而遠,第一段就讓可讀性增加,吸引讀者,進而擴大了「嚮往」全詩的視野。第二段:

　　　　我將重作一個航海者乘白帆而去

　　　　我將再在海上作無盡的飄流

　　　　但我又不知道該去那兒?

　　　　歐羅巴洲或是亞美利加洲?

　　　　啊!我要在這殘酷的世界上

　　　　去尋找一個理想的境界

　　　　—— 一個自由的國度

　　　　一個充滿愛情與詩和音樂的疆土

　　第二段的後兩句詩用了「設問」法,以對應第一段詩句擴大了的「嚮往」—黃金的島嶼或殖民地,其實台灣不過是在百浬以外的海島,

詩人經歷一次的挫折後仍嚮往著美麗的桃花源，仍願「重作」一次冒險與漂流，但是「該去那兒？」對國家與人生前途充滿著不確定感。作者意欲藉詩作遙遠漂泊的意象和「在海上作無盡的飄流」的心願，何嘗不是將在人生旅途上再次出發探索的認知呢？表現心中對未知的世界和前途的徬徨與憧憬，完全表露了心中不安與期待的矛盾狀態。第四段寫道：

> 我知道我會在那飄流的日子裏
>
> 想起我曾經眷戀過的故土
>
> 即使我在那故土上受盡折磨
>
> 而我也會留下思念的熱淚 （頁8）

　　全詩在這種懷鄉與依依不捨的情緒中作結，對照覃子豪在當時兩岸分別經歷時間長短不一的挫折來看，「曾經眷戀過的故土」是詩人「在大陸時的台灣與在台灣時的大陸」，而分別留下了「思念的熱淚」。與第一段充滿嚮往的意念相比，充滿了「反諷」的矛盾語法。一首好詩正是需要運用多種修辭方法，準確地呈現詩人(作者)當時的複雜情境，表現嚮往與眷戀的矛盾心理，使得作品貼近每一個可以感受的心靈，歷久而彌新。

二、〈虹〉：

> 虹是海上的長橋
>
> 無數的船像落葉般的
>
> 在橋下飄過
>
> 我真厭倦在海上流落
>
> 要踏上長橋

去覓歸路

看不見橋的起點
也看不見橋的盡頭
踏上長橋
何處是路？
心中憑添了
煩惱與憂愁 (頁 26—27)

〈虹〉這首詩作於民國四十年七月的大陳島，當時前線緊急，詩人出差二個多月到大陳島時所作，懷鄉的情緒因故土近在咫尺且歷歷在目，而有所寄託。開頭就用「暗喻」表現詩人的想像，虹(喻體)是(喻詞)海上的長橋(喻依)，虹在天上象徵著理想——遙遠而不可企及，但在詩人的眼裡就好像是海上的長橋，連接兩地而可供跨越(至少是心理上的跨越)。然而「無數的船像落葉般的/在橋下飄過」船象徵希望，然而卻像落葉般的飄落，落葉卻已經先暗示著絕望了，多可悲呀。

「何處是路？」這句「設問」詞，是明知故問，有家歸不得的問號更讓讀者產生共鳴，而心有戚戚焉。〈虹〉這首詩象徵著對故國的企盼、對家鄉的想望、對親人的思念，都寄寓在虹能在海上築一座長橋，跨越兩岸以解思念之情。

三、〈憶〉：

我常常把記憶
沉入深深的海底

　　而在這失眠的夜裏

　　我要把逝去的記憶

　　從被遺忘的海底撈起

　　記憶是珍珠

　　記憶是珊瑚

　　最愉快的記憶

　　像五色繽紛的魚群

　　在墨綠色的海藻間游泳 (頁39)

　　作者在第二段用「層遞」法，兼用「暗喻」法形容他的「記憶(喻體)是(喻詞)珍珠(喻依)/記憶是珊瑚/最愉快的記憶/像五色繽紛的魚群/在墨綠色的海藻間游泳」前二句的「喻依」珍珠和珊瑚都是美麗而珍貴的，讓讀者感覺記憶是非常珍貴而美好的；但是到了後三段作者形容最愉快的記憶，卻是像五彩繽紛的魚群在墨綠色的海藻間游泳，如此層層遞增的象徵手法，又是給讀者更新的感受。

　　為什麼呢？因為雖然珍珠和珊瑚都是美麗而珍貴的，但畢竟是死的(或是單調而固定的)而詩人最愉快的記憶卻是鮮活的，往事歷歷在目──就如同「五彩繽紛的魚群在墨綠色的海藻間游泳」一般的鮮活。由此可見作者的手法與心思。

四、〈貝殼〉：

　　詩人高克多說

　　他的耳朵是貝殼

充滿了海的音響

我說
貝殼是我的耳朵
我有無數的耳朵
在聽海的秘密　　—— 四十一年一月台北 （頁 40）

　　〈貝殼〉這首詩是覃子豪的名作之一，最初發表在《自立晚報・新詩週刊》[2]。此詩作使用「耳朵與貝殼」主客體易位的「仿擬」法，使得同名為〈貝殼〉的詩作而有不同的意境。前段藉高克多「隱喻」的詩作引子「他的耳朵(喻體)是(喻詞)貝殼(喻依)/充滿了海的音響」，耳朵是主體，貝殼是客體，把自己的耳朵形容成貝殼，如同我們拾起風螺等貝殼，附在耳邊就可以聽到嗡嗡的聲音，彷彿是大海的濤聲一般。

　　詩後半段覃子豪將「貝殼與耳朵」的主客體易位，變成「貝殼(喻體)是(喻詞)我的耳朵(喻依)」，前者「高克多說/他的耳朵是貝殼」是從自我出發，主觀的意味較濃，然則我的耳朵畢竟只有一副，能聽到的聲音畢竟有其侷限。而覃子豪卻將貝殼轉化(比擬)成我的耳朵，意境一下擴大了幾千幾萬倍——「我有無數的耳朵/在聽海的秘密」。把全世界海裡的貝殼，都變成了我的耳朵，在全世界的海洋裡傾聽著海的秘密。前者聽的是海的音響，後者卻有無數的耳朵在聽海的秘密，意

---

[2] 覃子豪《自立晚報・新詩週刊》第 11 期，民國 41.1.14 日。

境深遠的象徵因此高下立判。

五、〈烏賊〉：

> 不知道你從哪裡
>
> 偷吃了一肚皮墨水？
>
> 現在卻盡量傾吐
>
> 像一個自命不凡的作家
>
> 到處都是你的
>
> 連你自己都不懂得的文字　　── 四十一年三月台北　（頁55）

　　〈烏賊〉一詩用「隱喻」的手法，把一些自命不凡的作家「轉化」而「比擬」成烏賊──常用類似墨汁的黑色液體欺敵或是獵捕食物，而被視為海中非常陰險的動物。「諷刺」自以為是的作家，只讀了一些皮毛文章(墨水)，就向四處傾吐，唯恐天下不知，深怕不能藏諸山林似的；更有甚者，如同烏賊一般到處抹黑、四處造謠，極其陰險歹毒，但是這些墨水卻是連你自己都不懂得的文字呀！全詩充滿了「反諷」的味道，就是在五十年後的今天來看現在的文壇、政壇，這首詩仍然俏皮而發人深省。

第三節：結語

　　覃子豪《海洋詩抄》裡的修辭技巧，在以上修辭舉隅分析來看，作者不僅用「譬喻」、「象徵」法描繪心境，也用了「排比」「層遞」「設問」「反諷」等修辭方法，表現詩的意象美與諷刺性。

　　更在〈貝殼〉一詩中使用「耳朵與貝殼」主客體易位的「仿擬」法，使得同名為〈貝殼〉的詩作而有天壤之別的不同意境。由此可見，不僅是小說家、散文家、論說家需要熟用修辭的各種技巧，詩人更要善用各種的修辭方法，才能讓詩作的意境更優美、詩想更深遠、更能引人入勝。

第七章　靈與真的特質

風像一個醉漢 ＼ 闖我一個滿懷　　　—覃子豪〈鄉愁〉[1]

　　覃子豪是我國現代詩領域的重要詩人之一，與紀弦、鍾鼎文並稱詩壇三老。並主持「中華文藝函授學校」現代詩課程，對於現代詩創作的後學提攜甚多，並參與現代詩的論戰，對詩壇貢獻卓著。[2]

　　覃子豪本身在詩創作上，不斷求新求變，不斷追求風格的創新與突破，追求詩質的變化與凝鍊。並將自己詩創作實驗與其翻譯的西洋詩、西洋的各種現代主義理論相結合，相互演繹辯證，然後應用至詩教學與批改詩作業上，相輔相成，相得益彰。終於使得他不論在詩創作、詩論、詩教學與維護現代詩的立場與地位均有不可磨滅的貢獻與成就。惜因英年早逝，否則詩創作與歷史地位當不只如此。本文擬就覃子豪詩創作中靈與真的特質，加以探究討論，以彰顯其現代詩中靈與真的特色與成就。

第一節、靈的特質

　　覃子豪在詩創作上，不斷求新求變，不斷追求詩質的變化與凝鍊，追求風格的創新與突破。在〈雲屋〉一詩可見覃子豪詩中意象的靈動：

---

[1]　覃子豪：《海洋詩抄》：頁 77。
[2]　見《詩空的雲煙》麥穗，新店市：詩藝文出版社，1998 年 5 月。頁 19—42。

松滿山，綿羊滿山

一片青，一片白

遮盡長滿青苔的石級

依然從青松的枝柯下走入圍中

沒有門鑰，依然打開

被雲深鎖的門

一樹雲，令我想起畫中的海島

和島上那許多奇異的樹

像太陽點亮的花紫的燈籠

而且結滿熊熊的燈蕊

我們曾以假想在燈籠樹下漫步

走好亮的路

這裏的松林如綠幕

石屋就在帳中

掛滿松子如風鈴

而風鈴啞默，投星之影於石壁

雲浪不息地打在窗上

如海潮滾過，沒有喧嘩

多風的日子，便是音樂的節日

愛跳躍的松子們，就以圓圓的錘

敲響屋頂上陶製的琴版

應和松濤，織成神秘的交響

你如從畫中的島上走來

一步就會踏著一粒松子

一步就踩響一粒音符

你的步聲是神秘底回聲

松滿山，綿羊滿山

青白色的戀境

而戀之秘密，在屋中棲息

當我們眼神相互探問之時

石屋就長上了雲的翅膀[3]

　　這是一首愛戀中的甜蜜情詩，〈雲屋〉就是愛情的秘境，因為「戀之秘密，在屋中棲息\當我們眼神相互探問之時」愛情就長上了翅膀。雖然長滿青苔的石級被遮盡，我們依然從青松的枝柯下走入愛戀的園中，沒有門鑰(方法)，依然打開被雲深鎖的門；形容戀愛的路途摸索的辛苦，依然在紛紛擾擾中，摸索而打開了愛情深鎖的大門。

　　詩開頭「松滿山，綿羊滿山」就使得〈雲屋〉一詩鮮活起來，作者把滿山的白雲形容成滿山雪白的綿羊，使得全詩一開始便活潑生動而貼切，俗曰：以有情的字，狀無情之物，則必靈。此詩以綿羊代替白雲，則令此詩活靈活現起來。滿山松樹是綠色的，白雲是純白色的，「一片青，一片白」在視覺與顏色上，亦形成強烈而明顯的對比。

　　詩中「雲浪不息地打在窗上　\如海潮滾過，沒有喧嘩」如海潮不停拍打衝擊而沒有喧嘩的，除了萬頃白雲的雲浪，恐怕就只有思念的潮水了。意象與描述的非常精準而貼切。「多風的日子，便是音樂的節日\愛跳躍的松子們，就以圓圓的錘\敲響屋頂上陶製的琴版\應和松

---

[3]　《覃子豪全集I》：頁432—433。

濤，織成神秘的交響」因此，這是一首愛戀中的甜蜜情詩，充滿了音樂與交響；也充滿了歡愉與快樂。

此詩也是以「松滿山，綿羊滿山」作結尾，首尾呼應而相得益彰，凸顯了雲中之屋的虛無縹緲。也凸顯愛戀初時的深情款款與虛無縹緲。

他的另一首詩則全篇充滿了光陰飄逝與追求永恆的健者之身影的靈動，試看〈追求〉這首詩：

> 大海中的落日
>
> 悲壯得像英雄的感嘆
>
> 一顆星追過去
>
> 向遙遠的天邊
>
>
> 黑夜的海風
> 括起了黃沙
> 在蒼茫的夜裏
> 一個健偉的靈魂
> 跨上了時間的快馬[4]

　　　　　　　—三十九年八月花蓮港

在民國四十年十二月十日的《自立晚報·新詩週刊》刊出當時的編輯之一，是覃子豪老友，也是詩壇三老之一的鍾鼎文先生的一篇〈讀「海洋詩抄」〉[5]說：

　　『在我所讀過新詩之中，「追求」將是我永誌不忘的好詩之一。

　　這短短的九行詩，將滄海落日啟發人類對於時間的消逝之迅速

---

[4]　覃子豪：《海洋詩抄》：頁１１４。
[5]　這首〈追求〉與另三首詩：碼頭、別後、海濱夜景，同日刊出。

與嚴肅的感覺，完整地把握住了，而又莊嚴地描繪出來，那種
淨化了的思想，確已進入詩的最高境界。它有尼采的超越的靈
魂，它有桑得堡的深遠的意象；純粹是詩。這首詩打擊了我的
自負，但也安慰了我，鼓勵了我。』

　　在鍾老心目中這是一首完美的好詩，在大家心目中又何嘗不是
呢？在詩人悲壯眼中，黃昏時的落日，竟然只像是英雄的感嘆，難怪
人們要說詩人是第二個上帝了。

　　詩中投射了詩人自我的形影，期許自己是「一個健偉的靈魂」，期
許自己能與永恆競走。這何嘗不是每個詩人的願望呢？當百年以後，
能與時間永恆競走的，就只有詩人嘔心瀝血的傳世名篇了。

第二節、真的特質

　　真者，誠也；誠者，正也。只有至真至誠的作品，才能真正感人
肺腑、打動人心，覃子豪的詩作即有這種特質。他的作品初期受〝新
月派〞與法國象徵主義的影響甚鉅，詩中顯現多為浪漫主義為主。所
以當紀弦主張「主知」強調「抒情主義要不得」[6]，而舉起現代詩派『橫
的移植論』的大纛時，他的好友主張「抒情與主知並重」為純正詩藝
的覃子豪，以一篇〈新詩向何處去〉在其主編的《藍星詩選》刊物上，
不避嫌的發言反對他，由此可見他的真性情與對事不對人的態度。

---

[6] 見紀弦主編《現代詩》第十七期社論。

　　他並非全部反對西化或拒絕西洋的現代主義思潮，只是堅持詩中仍要帶有中國人自己固有傳統的抒情本質，堅持東西方文學思潮的融合，而不是全盤西化。他甚至翻譯出版一本法國的《法蘭西詩選》。[7]

　　在覃子豪〈貝殼〉一詩中可以見證詩人的純真與天真：

　　　詩人高克多說
　　　他的耳朵是貝殼
　　　充滿了海的音響

　　　我說
　　　貝殼是我的耳朵
　　　我有無數耳朵
　　　在聽海的秘密[8]

　　這首〈貝殼〉原刊於民國四十一年一月十四日《新詩週刊》第十一期，距離刊出法國詩人高克多詩作〈耳朵〉的《新詩週刊》第八期民國四十年十二月二十四日，只有短短的二十天。高克多的詩〈耳朵〉只有短短兩行：

　　　我的耳朵是貝殼；
　　　充滿了海的音響。[9]

　　可以想見，當天真的詩人覃子豪看到高克多的〈耳朵〉時，直接觸發了詩人天才而敏銳的詩想與靈感，詩作意境的高低，馬上可見可感。高克多的〈耳朵〉，形容耳朵只是一個貝殼，充滿海的音響，以自我為中心，比較直描，但是只要耳朵閉塞了，想像也就沒了；覃子豪

---

[7]　覃子豪譯：《法蘭西詩選》　高雄：大業書店　1958・3。

[8]　覃子豪：《海洋詩抄》：頁 40。

[9]　青空律、路易士(皆紀弦的另一筆名)譯。

則把無數的貝殼當作自己的耳朵，輕輕的轉換，則意境想像則隨著無數的耳朵(貝殼)，在聽大海的秘密，海有多深遠多遼闊，我的想像力就有多深遠多遼闊啊。

覃子豪經歷了八年對日浴血抗戰，親炙許多戰爭的殘酷畫面，當他在福建永安看到了畫家薩一佛經歷的日軍慘烈轟炸的畫作呈現，一幕幕映畫在他眼簾，觸動他感傷和憤怒的靈魂深處，爲了配合詩畫展，他出版了一本詩畫集《永安劫後》[10]。我們可以在他的詩作〈激動的夜〉體會那日寇轟炸過後，哀嚎現場真實的悲悽恐怖的場面：

> 好多的夜是清幽的
> 只有今夜是不寧靜
> 人們激動著，悲歎著
> 惡魔般的大火
> 照亮了人們恐怖的眼睛
>
> 啊！好多的人是從火裏逃出來
> 是從毒烟窒息的防空洞裏出來
> 是從坍塌的屋子裏出來
> 是從被傾倒的牆壁之下出來
> 是從污穢的溝渠裏出來
>
> 夜，恐怖的夜
> 在大毀滅的悲劇中
> 發出尖銳的喊叫的聲

---

[10]　覃子豪：《永安劫後》　福建漳州　，南風出版社　1945.6。

　　消防隊，救護隊忙碌著

　　沒有一個人心頭能夠平靜[11]

　　戰爭非常的恐怖，經常死傷無數。詩人感受轟炸後的夜晚，「消防隊，救護隊忙碌著」伴著爆炸聲、哀嚎聲與建築物的坍塌聲，這種夜晚如何能寧靜呢？惡魔般的大火正照亮著人們恐怖而恐懼的眼睛，多少的人是從被傾倒的牆壁之下爬出來，是從污穢的溝渠裏爬出來，這是生活在和平的寶島的我們所無法體驗的，激動的夜，還有誰的心頭能夠平靜呢？還有誰再要去侵略其他的國家，屠殺無辜的平民百姓呢？詩人在此詩中，真實的呈現他對敵人侵略者的憤恨與對無數受難同胞的無限憐憫。

　　詩人在《永安劫後》詩集裡所描述的轟炸後的城市慘狀，對照現今美英兩國藉故攻擊、轟炸伊拉克，造成無數的平民百姓流離失所、傷亡慘重，透過及時的新聞畫面，呈現城市遭轟炸後的火光四溢、斷垣殘壁的慘烈景象，竟然強烈感受前後相距半個世紀的殺戮戰場，竟是如此的相似。無謂的戰爭造成的恐怖與傷害，不論古今中外，受害最深的輸家，永遠是無辜的沉默的廣大平民百姓。

　　姚隼在〈論「永安劫後」詩畫展〉[12]談到覃子豪詩的優點是「……樸質、易解，不矯揉做作不堆砌詞藻；而用著平易的語言，煽起人們的真情同感……」而我們在他另一首〈火的跳舞〉裡，可從描述一幅「餘燼」堆裡被轟炸過後的熊熊火光中，體會出這種直描的、真實的、充滿無奈的無力感的大時代的悲劇：

　　火跳舞著

---

[11] 見覃子豪：《覃子豪全集Ⅰ》：頁 60。

[12] 覃子豪：《海洋詩抄》：頁 51。

在每一條窄狹的街上

在接連著接連著的屋頂上

在坍塌下來的屋樑上

在精緻的粗糙的傢俱上

在華美的素樸的襤褸的衣物上

在那些年老的匍匐著的人們的身上

在那些母親無法救出的孩子的身上

在那正在痛苦中掙扎著的人們的身上

在那快要成為焦炭的骷髏上

火跳舞著⋯⋯

它獰笑著，潰滅的響聲伴著它

作狂歡而恐怖的歌唱[13]

　　「火」的強烈象徵，燃燒著希望，也燃燒著毀滅；有熱情，也有遺留的灰燼。詩人以輕鬆詼諧的語調，真實而平淡的口吻形容日寇無情轟炸後，竄起的火苗是在以跳舞的方式「在每一條窄狹的街上\在接連著接連著的屋頂上\在坍塌下來的屋樑上⋯⋯」行進，在孩子的身上、在人們身上、在骷髏身上跳舞著，多麼的令人印象深刻而怵目驚心。

　　「它獰笑著，潰滅的響聲伴著它\作狂歡而恐怖的歌唱」當人們看到無情火在獰笑，在跳舞著狂歡歌唱的可怖畫面，彷彿就如同看到軍閥侵略者的可憎嘴臉在獰笑，在狂歡歌唱一般。

　　俗約：人如其文，文如其人。覃子豪是台灣光復後早期現代詩壇的領袖人物之一，不論在現代詩的創作或理論的建立上，皆有卓越的

---

[13]　覃子豪：《海洋詩抄》：頁62。

貢獻。他在早期台灣現代詩人心目中具有父兄和師長的雙重形象。他在台灣沒有家屬孩子，但他病重住院期間，台灣當時著名的一些詩人如楚戈、辛鬱、鄭愁予、洛夫、梅新、張拓蕪和羅行、羅馬等，都以學生身分輪流晝夜值班，守護在他床前。他去逝後，詩人朋友們集資為他埋葬並建築銅像作永久紀念，他作為一個不朽的詩魂和師長的形像，永遠留在人們的心中。[14]

由此可見，覃子豪不論在做人處世或以詩為志業的教學或創作上，一直秉持著真誠懇切的態度，處處顯露其質樸真實的特質，才會獲得眾多詩人朋友、學生故舊如此出自肺腑，自動自發的真誠感念與回饋。

第三節、結語

詩評家周伯乃先生說：「覃子豪是一個最純粹的詩人」[15]。純粹者，純真也，如黃金般經過烈火焠煉，消熔所有的雜質，才為純度九九九九之純金。俗稱「真金不怕火煉」。覃子豪終其一生都在從事新詩創作、傳授、翻譯與理論的建立，「在半世紀的生命，他幾乎有三十年的生命是奉獻在繆思的祭壇上」。

由以上詩作的析論，我們似乎看到了一個純真質樸的詩人，雖然遠逝了，仍有一個身影、一個健偉的靈魂，「跨上了時間的快馬」，與永恆競走著。[16]

---

[14] 古繼堂：《台灣新詩發展史》，台北，文史哲出版社，1989 年。頁 182。

[15] 周伯乃：〈《畫廊裡》的覃子豪〉《自由青年》四十五期 民國 60 年 1 月頁 122 —132。

[16] 本文同時以〈與永恆競走 —試論覃子豪詩中靈與真特質〉，發表於《藍星詩學季刊》17 期，2003 年新春號，頁 186—194。

第八章：佚詩探索

覃子豪主導參與創設藍星詩社，主編《新詩週刊》、《藍星詩刊》《藍星季刊》等等，對於從事現代詩創作的前輩詩人提攜甚多，並參與現代詩的論戰，對詩壇貢獻卓著。不論詩創作、詩論、詩教學與維護現代詩的立場與地位均有不可磨滅的貢獻。

惜因英年早逝，否則詩創作與歷史地位當不只如此。其詩創作雖有《海洋詩抄》、《向日葵》、《畫廊》、《覃子豪全集》等定本，但因筆者蒐集資料之便，發現其佚詩不少，乃積極搜尋並與以整理，以供未來研究現當代詩者，一窺覃子豪現代詩創作之全豹。

本章主要在提供覃子豪佚詩探索的過程，與佚詩的出處等。在本章內為節省篇幅與統一作業，所有佚詩將只列詩作篇名，至於佚詩全文請參閱本論文後，附錄四：《覃子豪全集I》補遺(詩創作部分)。

第一節：《自由的旗》

《自由的旗》是覃子豪抗戰初期的抗日詩篇，民國二十八年五月一日在浙江金華由青年書店初版發行。收入詩作二十五首，正文七十一頁，卷首有作者在同年四月十五日寫於桂林的〈前記〉一篇。這一冊大時代中不平則鳴的交響詩集，出版後不久即售完，並引起廣大的迴響與四篇熱烈的評論。於是覃子豪於民國二十九年六月十五日由浙江金華的「詩時代社」再版。再版增加〈再版記〉與詩作四首及〈詩人的動員令〉一文，頁數增為八十六頁。

可惜《自由的旗》由覃子豪攜來在台灣唯一的一本，因故失蹤而
亡佚，所以沒有收入在《覃子豪全集I》裡，成爲當時詩人全集編輯
們的缺憾。筆者藉由網路搜尋到〈肺腑嘶喊與戰爭喇叭的交響,覃子豪
的第一本詩集《自由的旗》〉[1]而獲得這本書的簡介與目錄。而經由「圖
書館館際合作系統」，向靜宜大學蓋夏圖書館借得武漢版的《中國新詩
庫・五》[2]，向中正大學圖書館借得香港版的《覃子豪詩選》[3]及中山
大學借得北京版的《覃子豪詩選》[4]而獲得大部分《自由的旗》詩作。

　　比較特殊的一首〈畢蘇斯爾基的女兒—贈波蘭 MyRodevith〉是在
舒蘭(1931—)編撰的《抗戰時期的新詩作家和作品》〈覃子豪〉篇裡發
現的。[5]

　　茲將《自由的旗》目錄抄列如下，爲免佔本章篇幅，全部佚詩請
參閱本論文附錄四：《覃子豪全集I》補遺(詩創作部分) 壹、《自由的
旗》：

　　〈前記〉、〈北方的軍號〉、〈偉大的響應〉、〈給我一桿來福槍〉、〈戰
士的夢〉、〈水雷〉、〈失明的燈〉、〈廢墟之外〉、〈戰爭的春天〉、〈只有
默默地戰鬥〉(缺)、〈北國〉、〈歡迎中國的友人〉、〈捷克的和平紀念日〉
(缺) 、〈戰爭中的歌人〉、〈土壤〉、〈水手兄弟〉、〈給奧國一士兵〉、〈捷
克悲痛的孩子〉、〈波希米亞高原上的婦人〉、〈九月之晨〉、〈歸來、〈戰
爭的消息在催促我〉、〈和平神像〉、〈給一個放逐者〉、〈年輕的母親〉

---

[1]　劉福春：〈肺腑嘶喊與戰爭喇叭的交響,覃子豪的第一本詩集《自由的旗》〉，台
北，中央日報副刊，1996 年 10 月 27。

[2]　周良沛編序：《中國新詩庫・七》，武漢市，長江文藝出版社，2000 年 1 月初版。

[3]　彭邦楨編選：《覃子豪詩選》香港，文藝風出版社，1987 年 3 月第一版。

[4]　《覃子豪詩選》北京，中國友誼出版公司，1984 年 8 月第一版。

[5]　舒蘭編撰：〈覃子豪〉《抗戰時期的新詩作家和作品》，台北，成文出版社，1980
年初版。

(缺)、〈在大別山底峰頂上〉

　　再版增加：

　　〈再版記〉、〈牧羊人〉、〈戰爭給我以愛情〉、〈大馬湖上〉、〈畢蘇斯爾基的女兒〉、〈詩人的動員令〉(文章：缺)

第二節：其他抗戰前後作品

壹、留學日本時期的詩作

　　覃子豪抗戰前的作品，主要是留學日本時期的詩作，如：〈大地在動〉[6]、〈我們是一群戰鬥的海燕〉[7]、〈祈禱在亞波羅面前〉[8]…等。

　　〈大地在動〉原刊於《詩歌生活》創刊號，是詩人寄回國內發表刊登的詩作。〈我們是一群戰鬥的海燕〉與〈祈禱在亞波羅面前〉發表在由覃子豪和李華飛編輯的文學刊物《文海》上，《文海》只出刊一期即夭折。這兩首詩原已散佚，後由詩人菲律賓詩人舊友施穎洲(1919—)先生提供，在《乾坤詩刊》第八期《覃子豪先生紀念專輯》中刊出。

　　其中〈我們是一群戰鬥的海燕〉是《文海》"代發刊詞"的"獻詞"。從這首詩可以看到《文海》和覃子豪的愛國主義傾向，在民國二十五

---

[6]　原刊《詩歌生活》創刊號 ，1936 年 3 月。轉載自周良沛編序：《中國新詩庫·七集》，武漢，長江文藝出版社，2000 年 1 月初版。頁 111—113。

[7]　原刊《文海》第一期，東京，1936 年 8 月。轉載自覃子豪〈我們是一群戰鬥的海燕〉《乾坤詩刊》第八期，台北，1998 年 10 月，頁 5—6。

[8]　原刊《文海》第一期，東京，1936 年 8 月。轉載自覃子豪〈祈禱在亞波羅面前〉《乾坤詩刊》第八期，台北，1998 年 10 月，頁 6—7。

年時已預知日本即將要再度侵華，所以詩人提醒國人「**快準備一個偉大的力量／來迎接這暴風雨的時光**」，形容他們都是一群戰鬥的海燕，隨時飛回中國，爲保衛祖國而戰的決心。

〈祈禱在亞波羅面前〉詩中，亞波羅神（現譯爲阿波羅神）是希臘神話中的太陽神，也是掌管詩歌文藝之神。詩人借此詩表現自小就喜愛詩歌文藝的傾向，「**從孩提開始起 ／ 我的心開始有愛和戰鬥底鼓動**」。而「**風神撲不滅我心裡的火焰**」，風神暗喻日本，因爲日本在元朝蒙古大軍渡海將東襲日本時，遭遇颱風而全軍覆沒，從此日本人崇「風神」，視爲日本的守護神與象徵。而覃子豪寫此詩時，正在日本留學，目睹留學生受盡日本刑事警察的欺壓與日人的歧視，所以詩人想藉由「祈禱在亞波羅面前」振奮人心，鍛鍊愛國堅毅的情操，藉亞波羅的「**火焰在鍛鍊我青春的劍**」。以期爾後以文藝詩歌的長劍，刺向敵人的心臟。

貳、抗戰期間作品

覃子豪抗戰期間的散失的作品，主要發表在抗戰前期，當時詩人正參加「留日學生訓練班」與羈留武漢期間的作品，如：〈渡漳河〉[9]、《炸彈的碎片》[10]（共四首）：(一)、〈棺材〉(二)、〈母和子底死〉(三)、〈守著父親哭泣 〉(四)、〈死不瞑目〉…等。

《炸彈的碎片》一輯四首詩作，是在民國二十七年七月十九日，

9　　轉載自周良沛編序：《中國新詩庫‧七集》，武漢，長江文藝出版社，2000 年 1 月初版。頁 114—115。

10　原載《詩時代》創刊號， 1 9 3 8 年 9 月。轉載自周良沛編序：《中國新詩庫‧七集》，武漢，長江文藝出版社，2000 年 1 月初版。頁 116—119。

詩人目睹三十九架日軍敵機分路進襲武漢，向三鎮平民區瘋狂投彈，
約投大小炸彈二百餘枚，死傷平民約六百餘人，情形至爲悲慘的情景，
悲憤的控訴之作。其中〈棺材〉一詩，後來稍微修改後同樣以〈棺材〉
爲名，刊登在《永安劫後》[11]。想必詩人對日本軍閥的憎恨，不曾稍
減。

第三節：出現在《自立晚報‧新詩週刊》者

　　大陸渡海來台現代詩人鍾鼎文、紀弦、李莎、葛賢寧等，渡過台
灣光復初期及政府撤退之政治不穩定時期，苦於久無發表園地，乃由
時任國大代表與自立晚報總主筆的詩人鍾鼎文（筆名番草）先生之影
響力，商得《自立晚報》第二版於民國四十年十一月五日開始，每周
一出刊一期半版《新詩周刊》由渠等輪流編輯[12]。

　　後因故由覃子豪自第二十八期起接編訖民國四十二年九月十四日
第九十四期止。因自立晚報社由吳三連接手改版停刊爲止[13]，共出現
覃子豪之詩作三十二首，但實際收入《海洋詩抄》詩集的只有二十六
首，其餘下列六首：

---

[11]　《覃子豪全集 I 》台北，覃子豪全集出版委員會，1965‧詩人節。頁 80。

[12]　麥穗：《詩空的雲煙》，新店市，詩藝文出版社，1998 年 5 月。頁 19—42。

[13]　2002 年 12 月 14 日於中國文藝協會訪談鍾鼎文先生所得。

一、〈北斗、燈塔 — 北斗·燈塔是慰藉底象徵〉 [14]

〈北斗、燈塔〉是覃子豪來台發表的第一首詩。北斗星和燈塔從來都是指引航行的象徵，作者在此詩中藉由此指引的象徵，暗示人們在心靈中亦需尋找一種高尚的感情的指引。而這種情感的指引就是詩，這種高尚的詩需要在「生活中尋找真實的養料」，需要在「生活和理想中鍛鍊」。

〈北斗、燈塔〉一詩亦由詩人麥穗先生整理刊於《詩空的雲煙》惜因段落與詩行缺漏，如第二行第三字缺星字，第八行整行缺漏，全詩分三段而未分……等。上列是完整的全詩風貌。未列入《海洋詩抄》。

二、〈約〉 [15]

〈約〉這首詩約略可以嗅出作者真摯的童心，詩人大都保有赤子之心，真誠而實在。尤其在談戀愛時，更容易顯現。〈約〉一詩顯現在初戀初期的不確定感是非常強烈的，那種捏拿易碎而又尚未建立互信機制的感情，只好「海和天為真實的憑據」，只求妳相信，只求妳答應。初戀如夢似幻，人生又何嘗不是呢？

三、〈船〉 [16]

〈船〉一詩是以具象喻抽象，是以描寫靜靜停泊在港上的船的經歷，描述自己一生苦難的際遇。詩人經歷了八年抗戰和內戰，歷經險阻和多少無盡的折磨，從廣漠的大陸飄流到台灣這座孤島，他不由得

---

[14] 刊《自立晚報·新詩周刊》第四期，1951 年 11 月 19 日。

[15] 覃子豪：〈約〉刊《自立晚報·新詩周刊》第九期 1951 年 12 月 31 日。

[16] 覃子豪：〈船〉刊《自立晚報·新詩周刊》第九期 1951 年 12 月 31 日。

感到疲累而憔悴。

他「孤獨而寂寞」的奔馳在「漫長歲月裡」，才得以靜靜的棲宿一宿。
而在這短暫的歇息與回憶後，奮發的詩人，是不願意怨天尤人的。於
是開始向前看，把命運交給不可預測的未來，開始憧憬明日未知的境
界。

四、〈凝視〉：[17]

〈凝視〉描寫戀愛中的男女情境。情人眼裡出西施，戀愛男女自
有其默契，自有溝通的密碼與電波。當深情款款的相互凝視，此時，
情意的滋長，就無聲勝有聲了。

五、〈邂逅〉[18]

〈邂逅〉一詩藉由小舟的殘骸，表現上一次失戀的傷害，還擱淺
在內心深處，又再次邂逅愛情，那種既驚喜又驚懼的情景，在此詩中
表露無遺的是男女情愛既怕受傷害而又期待的心情。

六、〈匯合〉[19]

覃子豪早年在北京中法大學和日本中央大學求學期間，即對我國
「新月派」和法國象徵派的詩歌多所喜好與研究。

這首「匯合」當是詩人描述東西詩潮，在此時此地對他當代詩人的衝
擊與交會，那氣勢多澎湃情境多美好啊，他們「在這裡永恆的結合」。
詩人對與東西交會交融的詩潮，感受是愉悅的「他們邂逅在海洋裡/
相互感到知遇的歡喜。」

---

[17]　覃子豪：〈凝視〉刊《自立晚報・新詩周刊》第 28 期 1952 年 5 月 19 日。
[18]　覃子豪：〈邂逅〉刊《自立晚報・新詩周刊》第 49 期 1952 年 10 月 13 日。
[19]　覃子豪：〈匯合〉刊《自立晚報・新詩周刊》第 58 期 1952 年 12 月 15 日。

第四節：其他

〈十月〉[20]一詩，出現在北京版的《覃子豪詩選》[21]中。

筆者相信，一定還有許多覃子豪佚詩，出現在其他刊物而未被發現。這是我們仍待努力的方向。不管詩作的相對品質如何，我認為只有繼續發覺更多的未出土詩作，才能更完整的去了解一位詩人的創作軌跡與心路歷程，甚至是成長與奮鬥的過程。

書海浩瀚，難免遺珠之憾，期望本文，拋磚之舉，引得覃子豪相關佚詩或論述繼續出土，以利來者窺得覃子豪一生為現代詩奮鬥之全豹。

---

[20]　覃子豪：〈十月〉刊於　周良沛編序：《中國新詩庫・七集》，武漢，長江文藝出版社，2000 年 1 月初版。頁 1。

[21]　《覃子豪詩選》　北京，中國友誼出版公司，1984 年 8 月第一版。頁 1。

第九章　結論

你底髓柱中摻不進一粒贋品　　─ 西蒙 [1]

「你底髓柱中摻不進一粒贋品」，是覃子豪的摯友西蒙，給他的一個評語，她說：「我知道無人如你那麼肯定你底信仰，你底髓柱中摻不進一粒贋品，你爲藝術狂熱，在生活的深層你卻是無所不往的哲人。」表示他是一位純真、堅持、勇往直前與不斷奮鬥、創新，永遠在追求至真、至善、至美的詩人。

詩人張默說：「覃子豪一直是中國詩壇的扛鼎人物，論戰中叱吒風雲的鬥士，詩運的帶動者以及頗具熱誠的創作者、翻譯者與批評者。」[2]

在《創世紀詩刊》十九期的《詩人覃子豪追念特輯》中，有一篇社論〈詩人之死〉有客觀的肯定與追念：

正當我們詩壇出現一些披戴假髮，冒充先知，以及不事創造，濫發議論的狂士之時，一位真正為新詩前途奮鬥，抱有宗教家的熱情，始終不變其志節的純正詩人之死，所給予我們的哀痛是極為深沉的。在中國詩人中，不論就創作或對詩運的貢獻而言，覃子豪先生的存在價值均應獲得他應得的評議。他所代表的是一種思想的成熟，一種理性的清醒，一種惶惑後的自覺，

---

[1] 西蒙：〈零時二十分〉《文壇》41 期，1963 年 11 月 1 日，頁 16。
[2] 張默：〈獨留青塚向黃昏─ 試評覃子豪的《畫廊》〉，《飛騰的象徵》，台北，水芙蓉出版社，1976 年 9 月 10 日，頁 122─128。

一種全生命的燃燒，一種現代精神經由中國傳統藝術思想過濾後存留的實質。他的髓柱中滲不進一粒贋品。我們如此論斷，決非是一般祭奠文似的故作誇飾，因為覃子豪後期作品中閃射出的光輝在迫使我們對他作如此的承認。

尤其當他寫下「詩，是游離於情感與字句以外的東西，而這東西是一個未知。在未發現它以前，不能定以名稱，它像是一個假設正等待我們去證實」時，他已確切地在歷史的鏡子中看到了自我；在藝術思想與創作方法上，他均已達到成熟的、自覺的階段；同時也在我們心中建立一個堅實不拔的詩人地位。

人之生死，只不過是一自然現象之演變，一種因果，但一個詩人肉體的死滅並不等於他生命意義與價值的終止，除非他活著時就終止了它，因為詩人還有另一個存在，許多輝煌的理由支持這個存在的不滅。覃子豪先生的肌膚與骨骼雖已化為一片灰塵，而他詩中反射出由時空交織成的永恒生命之火，仍在熊熊燃燒。

覃子豪之逝對於我們雖然因私人情誼一時失去寄托而徬徨不知所措外，我們並不感到難以克制的悲哀，因為他仍然活在詩中，也就沒有在我們之間失去。反而我們倒覺得某些肉體活著的詩人應予悲悼，他們不是因名利薰心，背叛詩神，甘願作「梁祝詩人」而在我們心中消逝他的存在，就是因喪失創造力與建設性的努力而在我們精神上失去應有的崇敬。

⋯⋯⋯⋯

覃子豪先生值得我們追念與敬佩的，除了他在創作上的成就外，更重要的是他為詩運奮鬥的精神與作為一個純真詩人的風格。數十年來他一直是一個堅強的進

取的熱切的詩的播種者與維護者，在歷次的對外對內的論戰

中，他從不妥協，從不退縮，更從未被擊昏了頭而迷失了自己。

他以生命的血去灌溉《藍星詩刊》，以詩人的真去領導「藍星詩

社」。……

………

他在觀念上永遠是求新的，在創作上永遠是求真的，而且他的

風範也永遠是那麼儒雅、平實、謙虛。……[3]

在本篇《覃子豪詩研究》論文，由於運用圖書館與網路搜尋引擎的新科技與新方法，使得資料的收集與獲得更形迅速且便利；加上個人加入乾坤詩社與中國文藝協會之便，藉由覃子豪生前故舊與學生知己的深入訪談與討論，得以獲得更多一手資料與評價。而獲致本篇論文的初步成果：

一、 更正確認識覃子豪的生平與經歷。

二、 更明瞭覃子豪的創作歷程與時代變動的關係。

三、 更了解覃子豪與紀弦現代派論戰的始末。

四、 確認覃子豪《藍星宜蘭分版》的主編關係。

五、 欣賞覃子豪《海洋詩抄》的修辭技巧。

六、 分享覃子豪現代詩創作中靈與真的特質。

七、 蒐羅探索覃子豪的佚詩，以補《覃子豪全集》之不全。

著名報人陳紀瀅（1908—1997）先生在〈悼子豪〉說：「死，對於作家，僅是另一寫作時間的延續；死，對於作家，僅是作品的考驗；一個成功的作家，將因時代的久遠，名垂不朽。」[4] 經過筆者六年來，

---

[3] 社論：〈詩人之死〉《詩人覃子豪追念特輯》，《創世紀詩刊》十九期，1964 年 1 月。

[4] 陳紀瀅：〈悼子豪〉《文壇》41 期，1963 年 11 月 1 日。頁 14。

關於覃子豪資訊的收集與觀察結果，發現覃子豪的一生都致力於現代詩的創作與教育推廣上面，嘔心瀝血、鞠躬盡瘁，死而後已。

覃子豪的一生，對於現代詩與後人來說，有非常偉大的貢獻與成就：

一、道地的「愛國詩人」：

遠在留學東京時期，覃子豪就積極參加愛國詩歌運動。〈我們是一群戰鬥的海燕〉，是他在民國二十五年時已預知日本即將再度侵華所作的詩，目的在提醒國人「快準備一個偉大的力量／來迎接這暴風雨的時光」。

抗戰時期，當大部分人都逃向後方時，他的愛國主義傾向卻向東南前線挺進。企圖擎起自由的旗，鼓舞國家民族追求自由的士氣。他鼓吹戰鬥，主編《掃蕩簡報》並出版《自由的旗》與《裴多菲詩》藉以振奮人心，他是一個熱情的「文化戰士」，也是一個勇敢的愛國詩人。

二、與時俱進的「純真詩人」：

許多的詩人在成名、獲取一些聲望後，便停止創作腳步成為交際型的詩人。但是我們從覃子豪生前留下的創作來看，從早期的自由浪漫的《生命的弦》開始，到寫實的《自由的旗》與《永安劫後》，到來台後首部詩集《海洋詩抄》即融合浪漫與現代主義，到《向日葵》開始邁入實質的現代主義與巴拿斯派冷峻的實驗，到後來象徵主義與神秘主義交織的《畫廊》。他從不曾停下他的腳步，「恆在追求與探索」，我們看到他健偉的靈魂，傳遞著光和熱。始終在追求成長與實驗，永

遠走在時代的尖端，歷久彌新。他與紀弦論戰，卻有漸漸學習試驗現代派觀點的傾向。他擁有一個進步而健偉的靈魂。

三、我國第一位「海洋詩人」：

《海洋詩抄》是我國有史以來第一部全部描寫海洋的「海洋詩集」，於民國四十二年四月由新詩週刊社出版。這在當時是空前的創舉，因爲一反當道流行的反共抗俄戰鬥詩，清新流麗與浪漫抒情的筆調，獲得當時人們的喜愛，爲他贏得了「海洋詩人」的美譽。

《海洋詩抄》出版時間的巧合，正是我國不論從政治經濟角度或文藝視野，開始從大陸觀點位移，成爲邁向海洋世界的起點。

四、台灣現代詩的「推手」：

覃子豪隻身滯台，是其個人的不幸，是時代的悲劇。但卻是現代詩壇時代悲劇下的收穫。因爲他無家累的傾全力灌漑《藍星詩刊》與推廣詩教上，他以全部收入投入詩刊與編輯出版。甚至書信往返與剪報付郵，都是自掏腰包，他以一己之力支撐著他詩的志業，無怨無悔。總計他扶植、開墾與灌漑過的園地有：《自立晚報・新詩週刊》、《公論報・藍星週刊》、《藍星宜蘭分版》、《藍星詩選》、《藍星詩頁》、等，在四十年代初期荒蕪的年代裡，都是詩人們重要的創作發表園地。甚至發掘了許多當今重要的詩人，如向明、白萩(1937—)、林泠(1938—)、等，使台灣的現代詩園花妍葉茂。其功不可沒。

五、現代詩「詩的播種者」：

　　眾所週知，覃子豪擔任「中華文藝」、「文壇」、「軍中文藝」與「中國文藝」等數個函授學校的現代詩教職與班主任職務達十年之久，甚至遠赴菲律賓傳授現代詩。編寫講義、批改示範，實際參與台灣現代詩壇的推廣與培育工作。可說是桃李滿天下，其學生不計其數，皆是現代詩壇或文壇要角，如向明(董平)、瘂弦(王慶麟)、辛鬱、小民(劉長民)、麥穗(楊華康)、邱平(1939—)、黃騰輝、藍雲、彭捷、趙玉明(一夫 1928—)、秦嶽(秦貴修 1929—)、張拓蕪(1928—)、董劍秋、張效愚(蜀弓 1927—)、楊華銘(1933—)、孫建吾(雪飛)、林煥彰(1939—)…以及菲律賓的詩人雲鶴等。甚至如文曉村、藍雲…等詩人，在文協研究班結業後，馬上成立了「葡萄園詩社」發行以純正詩藝為號召的《葡萄園詩刊》。其影響至為深遠。

六、現代詩的「捍衛戰士」：

　　覃子豪不僅積極參與四場現代詩的論戰，而且是前三場的主角與主要捍衛者。首先他於抗戰時期在浙江金華出版的《東南日報》上，與有「烏鴉」之稱的教授記者曹聚仁(1900-1972)為新詩初學者寫作問題，筆戰三個月之久。在於福建永安期間，則為詩與音樂問題，與音專教授陸華柏、繆天華等，在福建《中央日報》筆戰數月。[5]

---

[5] 參見中華文藝月刊編委會編：〈中華文藝函校教授簡介〉《中華文藝》月刊第二卷第二期，北縣汐止，中華文藝月刊社，1955 年 3 月 1 日，頁 16。

第二場不計交情只為真理的與詩壇內的好友紀弦論戰現代詩的路向。[6] 他不憂不懼，接續的則是與詩壇外保守異議現代詩的文人，如蘇雪林(蘇梅 1898—1999)、言曦(邱楠 1916—1979)、門外漢…等人展開現代詩的論戰，忠誠的捍衛現代詩的地位，儼然是個詩壇的急先鋒。因此，他是個勇者無懼的現代詩捍衛戰士。

七、藍星永恆的象徵：

覃子豪實際參與藍星詩社的建構過程，亦是實際的創造者與領導人。藍星因為覃子豪的奮鬥與堅持而閃耀；亦因詩人的殞落而黯淡。他的詩人形象不死，向日葵的種子也早已灑下，他是暗夜裡現代詩天空中，永恆的、最亮的一顆藍星。

覃子豪雖然只活到五十二歲，但是他的詩名永遠年輕。他擁有一個健偉的靈魂，永遠在追求創新與突破；與時俱進的身影和為現代繆斯奉獻的無私無我之精神，足為現代詩人的典範。

---

[6] 詳見本論文第四章：《與紀弦現代派的論戰》。

附錄一：詩人作品集

《自由的旗》	浙江・金華，青年書店，1939 年五月一日初版。
《自由的旗》	浙江・金華，詩時代社，1940 年六月十五日再版。
《裴多菲詩》	浙江・金華，青年書店，1941 年初版。
《東京回憶散記》	福建・漳州，南風出版社，1945 年 5 月。
《永安劫後》	福建・漳州，南風出版社，1945 年 6 月。
《海洋詩抄》	台北，新詩週刊社，1953 年 4 月初版。
《向日葵》	台北，藍星詩社，1955 年 9 月初版。
《詩的解剖》	台北，藍星詩社，1958 年 1 月初版。
《法蘭西詩選》	高雄，大業書店，1958 年 3 月初版。
《論現代詩》	台北，藍星詩社，1960 年 11 月初版。
《畫廊》	台北，藍星詩社，1962 年 4 月。
《覃子豪全集 I》	台北，覃子豪全集出版委員會，1965・詩人節。
《覃子豪全集 II》	台北，覃子豪全集出版委員會，1968・詩人節。
《論現代詩》	台中，普天出版社，1969 年。
《世界名詩欣賞》	台中，普天出版社，1972 年 7 月。
《覃子豪全集 III》	台北，覃子豪全集出版委員會，1974・雙十節。
《詩的表現方法》	台中，曾文出版社，1977 年 7 月。
《論現代詩》	台中，曾文出版社，1982 年。
《覃子豪詩選》	北京，中國友誼出版公司，1984 年 8 月一版。
《沒有消逝的號聲》	湖南・長沙，湖南文藝出版社，1986 年 5 月。
李華飛編：《覃子豪詩粹》	重慶，重慶出版社，1986 年 5 月。
彭邦楨編：《覃子豪詩選》	香港，文藝風出版社，1987 年 3 月第一版。

附錄二：覃子豪年表

民國元年　　一歲

　　二月十二日生於四川省廣漢縣連山鎮覃家溝，譜名天才，學名覃
　　基，後改名覃子豪。

民國十五年　　十五歲

　　就讀廣漢縣中，即展露詩才。曾以〈旅人〉一詩，深得師長讚賞。

民國十七年　　十七歲

　　就讀成都成城中學(高中)。開始投稿成都報刊。

民國二十一年　　二十一歲

　　轉入北平中法大學孔德學院高中部(預科)二年級(補習法語)。

　　開始接觸法國十九世紀浪漫派詩人雨果及象徵派詩人凡爾哈崙，

　　波特萊爾，馬拉美，藍波等人作品。

民國二十二年　　二十二歲

　　五月旅芝罘

　　六月旅煙臺

　　七月旅青島，旋返北平

民國二十三年　　二十三歲

　　與同學詩友朱顏、賈芝、沈毅、周麟等五人組成詩社「泉社」。並
　　合著詩集《剪影集》。

民國二十四年　　二十四歲

　　中法大學孔德學院結業，

　　三月與詩友李華飛等，經塘沽乘「上海九」出渤海灣抵達日本九
　　州門司，旋搭火車抵東京。住小石川區白山寄宿舍。

　　次日入日本東京東亞日語補習學校，白天補習日語八小時，為考

大學做準備。半年後考入中央大學。

民國二十五年　二十五歲

在日本千葉縣結識郭沫若並合影留念。

翻譯雨果《懲罰集》。從日文轉譯匈牙利詩人裴多菲詩集。

民國二十六年　二十六歲

六月由日本返國抵上海，參加「留日學生訓練班」第一期積極參與抗戰。留日學生訓練班先至南京報到集中受訓，初遷武漢、再遷江陵、後來又回到武漢。

民國二十七年　二十七歲

三月，於漢口加入剛成立的「中華全國文藝界抗敵協會」(簡稱「文協」)為會員。

年中，參與籌組詩社，名「詩時代社」。後把「詩時代社」香火帶到東南前線。並在東南前線主編《詩時代》雙週刊達三年多，共一百多期。

於三戰區江西上饒《前線日報》，創辦並主編《詩時代》雙週刊達三年多，共一百多期。並闢新詩創作批改及解說專欄。

民國二十八年　二十八歲

四月，至桂林受訓。

七月入重慶沙坪壩中央訓練團新聞研究班第一期受訓。同學有：高蘭、袁暌九、墨人、夏鐵肩(鐵陀)、李嘉…等。

九月十日調浙江陸軍第八十六軍主編軍報「掃蕩簡報」，後改名「八六簡報」，掛少校軍階。

出版詩集《自由的旗》，浙江・金華,青年書店 初版。

民國二十九年　二十九歲

《自由的旗》增加四首詩作，由浙江・金華　，詩時代社 再版。

民國三十年　三十歲

　　至桂林參加新聞工作訓練。

　　出版匈牙利詩人裴多菲譯詩集《裴多菲詩》，金華青年書店印行。

民國三十一年　三十一歲

　　與邵秀峰女士結婚。

　　任第三戰區司令長官司令部政治部設計委員。

　　兼任「八六簡報社」社長。

民國三十二年　三十二歲

　　長女海茵出生於福建漳州。

　　脫離軍職。

民國三十三年　三十三歲

　　任福建漳州《閩南新報》主筆兼編副刊《海防》。

民國三十四年　三十四歲

　　一月二十八日創辦「南風文藝社」。

　　四月主編福建龍溪《警報》副刊《鐘聲》。

　　五月出版《東京回憶散記》，福建漳州南風出版社印行。

　　六月出版詩集《永安劫後》，福建漳州南風出版社印行。

民國三十五年　三十五歲

　　五月由廈門經香港乘機帆船第一次至台灣謀職不順。

　　七月返回香港。

　　次女露露出生。

　　十二月回到廈門。

民國三十六年　三十六歲

　　初春，返回上海依親(妻叔，辛亥革命元老邵元沖)。夫人回湖州
　　娘家。

經魏道明(第一任台灣省主席)夫人鄭毓秀博士介紹，方始獲得臺灣省物資調節委員會專員職務。

十二月攜夫人及次女露露來臺，就任臺灣省物資調節委員會專員。

民國三十七年　三十七歲

多天因長女海茵於娘家生病，夫人攜次女返回大陸，從此兩地相隔、音訊全無。

(大陸淪陷後，次女露露寄人領養，夫人畢業於震旦大學經濟系，方始獲得工作分配。)

民國三十八年　三十八歲

十一月任臺灣省物資調節委員會臺中辦事處第二課課長。

民國三十九年　三十九歲

八月出差至花蓮，於花蓮港寫下著名的詩句〈追求〉。

民國四十年　四十歲

六月出差至澎湖、馬公港。

六月、七月出差至大陳島。

八月回到高雄。

接編自立晚報《新詩週刊》(自二十八期起至九十四期因自立晚報易主改版停刊止)。

民國四十一年　四十一歲

三月任臺灣省政府糧食局督導員。

民國四十二年　四十二歲

四月出版詩集《海洋詩抄》，新詩週刊社印行。

十月應「中華文藝函授學校」創辦人李辰冬博士之邀擔任該校詩歌班教授。

民國四十三年　四十三歲

三月與詩友鍾鼎文、余光中、鄧禹平、夏菁等人創設詩社，眾採先生建議以「藍星」爲名。藍星詩社於焉誕生。

三月加入中國文藝協會。

六月十七日於《公論報》創刊《藍星詩周刊》，每週五出刊。

九月出版詩集《向日葵》，藍星詩社印行。

十月受聘爲中國文藝協會理事會設計委員會常務委員。

十一月十九日當選中國青年寫作協會第二屆理事及出版組組長。

民國四十四年　　四十四歲

八月受聘爲中國文藝協會文藝創作委員會副主任委員。

九月受聘爲中國青年寫作協會詩歌研究委員會主任委員。

民國四十五年　　四十五歲

三月受聘爲國防部總政治部文藝獎評審委員。

六月受聘爲中國文藝協會文學創作委員會副主任委員。

八月擔任中國青年反共救國團暑期青年戰鬥訓練總隊文藝隊教授。

九月當選中國青年寫作協會第四屆理事，並任該會詩歌研究委員會主任委員。

民國四十六年　　四十六歲

六月受聘爲中國青年反共救國團暑期青年戰鬥訓練總隊駿馬大隊文藝隊輔導委員會委員。

六月發起成立「中國詩人聯誼會」，當選常務委員。兼輔導組長

八月二十日主編《藍星詩選》叢刊，共出四期。

十一月受聘爲文壇函授學校教授。

民國四十七年　　四十七歲

一月出版《詩的解剖》，藍星詩社印行。

三月出版《法蘭西詩選》第一集，廖未林設計封面，由高雄大業
書店印行。

六月受聘爲中國青年反共救國團暑期戰鬥文藝研習隊指導委員會
委員。

七月一日藍星詩社慶祝《藍星週刊》出刊二百期紀念，假臺北市
中山堂頒發「藍星詩獎」予吳望堯、黃用、瘂弦及羅門等四人。
詩獎座由楊英風設計。頒獎典禮，由先生擔任主席。梁實秋主持
頒獎，余光中代表致頌辭。

十月受聘爲中國文藝協會詩歌創作研究委員會副主任委員。

民國四十八年　四十八歲

一月十日接編《藍星詩頁》第十二期至十六期(《藍星詩頁》創刊
於民國四十七年十二月十日，由夏菁主編至十一期十七期以後由
余光中接編。)

五月受聘爲中國文藝協會詩歌創作研究委會副主任委員。

六月十五日續聘爲中國詩人聯誼會常務委員。

八月於《自由青年》廿二卷三期發表〈論象徵派與中國新詩〉一
文。針對該刊廿二卷一期蘇雪林所撰〈新詩壇象徵派創始者李金
髮〉一文提出有力辯解及澄清。

十月於自由青年廿二卷五期續發表〈簡論馬拉美、徐志摩、李金
髮及其他〉答辯蘇雪林於該刊四期所提解釋及意見。

民國四十九年　四十九歲

一月一日出版之文星雜誌先生發表〈從實例論因襲與獨創〉一文
迎戰言曦於中副發表之〈新詩閒話〉四篇有關誤解與一實之處。
同時迎戰者尚有余光中、黃用、夏菁、葉珊、張健等人。

十月受聘爲中國文藝協會中國詩人聯誼會歌朗誦隊輔導委員。

　　十一月出版詩論集《論現代詩》，藍星詩社印行。

民國五十年　五十歲

　　六月十五日先生主編之《藍星詩季刊》第一期出版，共出四期，
至次月十一月停刊。十月擔任中國文藝協會「新詩研究社」講師。

民國五十一年　五十一歲

　　四月出版詩集《畫廊》，藍星詩社印行。

　　四月廿四日應僑務委員會之聘，赴菲任菲律賓華僑青年暑期文藝
講習班現代詩講座，為時五週，於五月卅十日結業。

　　五月受聘為中國文藝函授學校教授。

　　六月由菲講學返國。

民國五十二年　五十二歲

　　三月三十一日入臺大醫院一〇四病房。最初診斷患黃疸病。

　　四月二十二日施行手術，嗣經切片檢查，斷定為膽道癌，羣醫束
手。

　　五月從一〇四頭等病房，轉入七二九公教病房

　　八月受聘為中國文藝協會詩歌創作研究委員會副主任委員。

　　十月十日零時二十分以癌症逝世臺大醫院，遺妻及女二人，均陷
大陸。

　　十月十五日上午十時於臺北市極樂殯儀館上天廳舉行追悼會，故
總統　蔣經國先生曾親往致祭。並舉行「追思詩人覃子豪先生遺
作朗誦」，典禮備極哀榮。十一時火葬，骨灰暫存臺北市善導寺。

民國五十四年

　　詩人節《覃子豪全集》第一輯出版。

民國五十七年

　　詩人節《覃子豪全集》第二輯出版。

民國六十三年

　　十月十日國慶雙十節，亦即詩人逝世十一週年紀念日，《覃子豪全集》第三輯出版。

民國六十八年

　　詩人節上午十一時，先生骨灰歸葬臺北縣新店安坑龍泉墓園。

民國七十二年

　　十月廿九日，由藍星詩社及全國各界文藝社團襄助完成之先生銅像，在其墓園完成安放。該銅像由名雕塑家何恆雄教授塑製。[1]

民國七十七年

　　四川廣漢市人民與覃子豪海內外詩友，在市區房湖公園內為他建立覃子豪紀念館和大理石雕像。成為兩岸皆有紀念雕像的第一位現代詩人。

---

[1] 本文主要參考：向明：〈覃子豪先生年表〉，《文訊月刊》第十四期，台北，文訊雜誌社，1984 年 10 月，頁 291—296。〈覃子豪先生年表〉《覃子豪全集 I 》，台北，覃子豪全集出版委員會，1965．詩人節。

附錄三：覃子豪遺囑

我知道我的病已經到了垂危的地步；有幾件事，請替我記下來：

一、我離開人世後，請糧食局派人會同我的朋友們料理我的後事，請
　　將我作爲一位詩人來處理。

二、我的一切財物請彭邦楨兄代爲保管，其中一部份東西，請西蒙自
　　行挑選，送給她做紀念品。剩下的財物俟返回大陸時交給我的子
　　女。

三、我的著作請朋友們會同文協、作協及詩聯共同整理，希望能出版
　　一部《覃子豪全集》。

四、前由鍾鼎文、彭邦楨二兄經手向朋友們所借的錢，請邦楨兄用我
　　的保險金歸還。倘朋友們不忍接受，我將永遠感激他們的厚愛。
　　此外，糧食局同事鄭文祥兄欠我台幣柒仟元，請邦楨兄代爲索回。

五、倘我剩有錢財，請朋友們以此作基金，設置「覃子豪詩創作獎金」，
　　用以獎勵我國新進詩人，推進新詩運動。

最後謝謝朋友們對我的愛護與照料。

— 覃子豪

民國五十二年十月九日 [1] (瘂弦筆錄)

---

[1]　覃子豪：〈覃子豪遺囑〉《創世紀詩刊》十九期，1964 年 1 月。頁 8。

附錄四：《覃子豪全集 I》補遺
壹、《自由的旗》目錄：

前記（缺）

北方的軍號

偉大的響應

給我一桿來福槍

戰士的夢

水雷

失明的燈

廢墟之外

戰爭的春天

只有默默地戰鬥　（缺）

北國

歡迎中國的友人

捷克的和平紀念日　（缺）

戰爭中的歌人

土壤

水手兄弟

給奧國一士兵

捷克悲痛的孩子

波希米亞高原上的婦人

九月之晨

歸來

戰爭的消息在催促我

和平神像

給一個放逐者

年輕的母親　（缺）

在大別山底峰頂上

（再版增加：）

再版記　（缺）

牧羊人

戰爭給我以愛情

大馬湖上

畢蘇斯爾基的女兒

詩人的動員令（文章：缺）

北方的軍號

佈滿全國的電訊在怒吼著
"抗爭！抗爭！"
全國的民眾沸騰
北方的戰士一致地在敵軍的雨彈中前進
在密布著敵軍兵車的野原上
那接戰的軍號響著激昂的聲音
這聲音在呼喚著每一個保衛國土的戰士
這聲音在催促著大陸的兒子實彈前進
啊！悲憤的民眾喲
大無謂的民眾喲
流離飢餓的民眾喲
所有南方的北方的怒不可抑的民眾喲
"抗爭！抗爭"！這是最後的抗爭
為了最後的抗爭
我們要武裝起來握著戰旗前進
前進吧！為了抵抗敵軍有計劃的侵略
為了恢復完整的龐大的國土
為了六年的仇恨，民族的生存
在偉大的戰鬥裡，我們握著戰旗前進
在六年屈辱的時光中
民眾匍匐在敵人的鐵蹄下
為了正義的呼喚，破了喉嚨，啞了聲音
裁判者，和平的強盜！看不見弱者的死亡
他們同樣地在計劃著怎樣滿足侵略者的野心
大陸的兒子在流著血液

祖國的暗暗地哭泣

因爲在它胸膛蓋上無數的烙印

六年呀！民衆盡是流離死亡

敵人在窒息著反抗者的喊叫

欺騙家在粉飾著國內的和平

愛國的義勇軍在不斷地抗戰

因爲抗戰是公平的裁判

那些"利"的卑污者──漢奸

陰謀地在壓制著民衆抗戰的呼聲

六年喲！六年的壓迫！六年的仇恨喲

今天是抗戰的時候喲

很久很久期待著的抗爭

六年中過著流亡日子的民衆

南方的北方的悲憤的民衆喲

這是雪恥的最後的戰爭

這是恢復國土的最後的戰爭

這是視死如歸的戰爭

我們寧願早一刻和仇敵決鬥

不願多享受一刻屈辱的寧靜

來吧！憤怒的民衆喲

快武裝起來，握著戰旗前進

聽喲！北方的炮聲在緊迫我們

北方軍號的衝鋒令在催促我們

啊！所有南方的北方的民衆

大無畏的民衆喲

趕緊！趕緊！趕緊去迎接偉大的抗戰

趕緊去把敵軍逐出祖國的邊境

把戰旗插在遼西，吉東，熱河的邊疆上

把軍號洪大的聲音在長白山上鳴響

在興安嶺上應著回聲

啊！北方！偉大的北方
文化舊都的北方！要塞的北方喲
啊！北方的剛強的戰士喲
在長城和喜峰口曾和敵軍短兵相接的戰士喲
你們前進吧！有廣大的動員作你們的後盾
掘著戰壕！握著戰旗，前進
武裝起來吧！待發的民眾喲
握著戰旗在戰場上去追尋衝鋒的號音
用死力奪回長白山，興安嶺
保衛東三省廣闊的邊境
擁護神聖的和平
武裝起來吧！堅強的民眾喲
握著戰旗前進
用鮮血在戰旗上寫著神聖的誓言
　　"抗爭！抗爭！不是光榮戰死
　　　便是完成抗戰的使命！"

偉大的響應

　　　　讀中華台灣革命大同盟總部，為反對日本帝國主義侵略祖
國告台灣同胞書後，寫給台灣革命諸同志。

海上的烽火
北方的軍號
激動了大陸
激動了中華美麗的島

美麗的島
離開了祖國的懷抱
已經四十三年
四十三年的反抗
四百萬的勞工
未曾把鐵鏈掙斷

現在，四百萬的勞工
聽見大陸上抗戰的軍號
看見了祖國勝利的火焰
在「橫征暴斂」「壓迫重重」的鐵蹄下
點燃革命的導火線

點燃革命的導火線
來燃燒奴隸的熱情
掘金人、播種人、施肥人、晒曝人，打漁人喲
快起來用你們的勞力來建造革命的工程

你們要繼續偉大的反抗
繼續在淡水，在基隆，在次桐巷革命同志的精神
祖國的抗戰給你們偉大的指示
你們的革命給祖國一個偉大的響應

來吧！在祖國旗幟下
參加這神聖的抗戰
啊！美麗的島嶼，被奴化的台灣
祖國在偉大的勝利中
會粉碎你四十三個鐵環

一九三七年十二月十六日《詩報》半月刊試刊號

給我一桿來福槍

戰線展開了
我再不能有片刻的停留啊
當我聽著抗戰的炮聲
熱血就在我胸中沸騰

在蕭蕭的秋雨裡
從天外飄來了幾片紅葉
這是一個光榮的標記
兄弟們已經給秋天塗上了血液

花朵凋落，就讓花朵凋落吧
我們要珍惜眼淚，不要珍惜血流
光榮的勝利的日子
是賴我們在紅血的秋天裡苦苦地追求

難民和青年之群在流亡著
我無心再讀拜倫沉痛的詩章
前線又響著巨大的炮聲
我要立刻換上戎裝，踏上戰場

在厮殺的陣地，在迫切的時日
不需要長期的準備，需要立刻去厮殺
快給我一桿來福槍
一套戎裝，一匹戰馬

戰士的夢

馬兒豎著鬃毛前奔
我頭上一朵火花飛迸
沉重地我摔在田野上
聽不見戰友厮殺的呼聲

啊！偉大的血紅的沙漠
你的颶風消逝了蹂躪者的狂歌
你引我到茫茫之國去了
我看不見祖國的大野，祖國的深谷

四面都升起來紅色的霧，紅色的火焰
我知道這是生死決鬥的午夜
可是，不見槍炮和戰堡
不見忠實的戰友，狡獪的仇敵

我忠實的馬兒，我瘋狂的馬兒
你快快將我載到戰爭劇烈的前方
兄弟們也許正在和仇敵格鬥
敵人將在鋒利的刀槍下死亡

馬兒像飛一樣地載著我
沖過紅色的霧，旋轉的沙，
無數的火花在馬蹄下飛揚
我跌下來了，颶風消逝了我的快馬

冷汗浸濕了我的睡衣
我從驚愕的夢寐中醒來
我忠實的馬兒，我瘋狂的馬兒啊
你為什麼要和我離開

戰友和黑暗的夜睡在我的周圍
祖國的原野啊！你是這樣的不寧
我願戰死在你偉大的懷抱中
因為，我是祖國勇敢的忠實的子孫

水　雷

　　中央社上海二十四日路透電，據確息，本月二十二日，日運兵船一艘，在安慶，馬當之江面誤觸華軍所配置之水雷，炸成粉碎，日軍死者百餘人，傷者無算。

水雷是埋藏在海裡
水雷是埋藏在江裡
水雷是埋藏在每一個
被壓迫的中國人的心裡

水雷是默默無聞
像是被壓抑著發不出聲音
風浪在翻騰
它在水裡一點也不動搖
屠殺的聲音
使水雷在每一個被壓迫的
中國人的心裡是更加堅牢
水雷是一只死卻的箭
可是，它遇著壓力將會爆發
假如，水雷自身粉碎了
它會將侵略者一齊爆炸

被壓迫的中國人啊
把水雷安置在心裡吧
不要有聲音
我們在戰鬥的時候
是需要默默無聞

失明的燈

連敵警戒兵
也看不見的黑色的街燈啊
在電線上，高高地，高高地
同天上的星辰對語

——我在黃金的夢幻滅之前
我看見幸福的人們遇著苦難
幸福的人們
像羔羊一樣在敵人刺刀下死亡
在炮火的密集下逃遁
我親眼看見這幕悲劇的開始
我呀！一個兇犯殺人的見証

——黑暗嫉妒著我
他將這光明的不能掩蓋犯罪的時間
要沉入深深的黑暗
我還沒有看到悲劇的結局
就破壞了我的眼
破壞了我的眼

——我現在是失明了
但我的心卻是非常完整
在恐怖時代敲著喪鐘的時候
我將像你一樣再放光明

廢墟之外

在瀰濛的春雨裡
我步著祖國的廢墟

白骨掩沒在河邊的青草裡
無數黑色的烏鴉從那兒飛過

兄弟們死了
春草生了
烏鴉飛了

在這兒
春天沒有炮聲
沒有婦人和嬰孩的啼泣
沒有反抗的呼號
啊啊!血啊
凝結在被轟碎的石上
廢墟上開著紅色的花
田隴上有幾個農民坐著
他們發出飢餓的叫聲

啊!去吧!飢餓的農民
這兒是焦土的廢墟
可是廢墟外已綿延著自由的烽火

戰爭的春天

春雨停了，在青色的田野上
太陽從垂青的白楊射出絲絲的陽光
勝利的希望在我心頭閃動
像晨曦的鳥兒在撲動著飛躍的翅膀

遠遠的廣場傳來前進的號音
接戰的部隊在向著敵軍的陣地前行
太陽的光球蒸熱了我的面龐
我很興奮穿著新的革靴將踏上戰鬥的途程

啊！我看見美麗的和平的田園
想起無數美麗的田園正受著敵軍炮火的蹂躪
我不能留戀迷人的景色和馥郁的花朵
因為和平的田園已無形地受著敵軍的侵凌

刻苦的農民啊！你們不要憂懼
希望你們仍努力耕種你們的田園
有無數難民正在開拓新的處女地
因為他們為了長期的抗戰要從事生產

播種吧！在這美好的春的節日
在肥沃的高地，蔥郁的森林之旁
到秋天收獲的節日來時
祖國的兒女已在和平之日生長

看啊！武裝的兄弟已經振戈待發
我已背著槍桿，穿上戎裝
待明日陽光灑滿春的田野
我們已經趕到決定民族命運的戰場

北國

北國呀
在夕陽中暈睡著的沙漠啊
我似乎看見從地平線上
歸來的駱駝隊
它們已經感到疲乏了

你在酣睡的狀態中麼？
那玫瑰色的雲便是你鮮紅的血液
可是颶風在掃著疾馳的沙
你還未停止呼吸

你啊！忘記了
在沙漠中的森林
沙漠中的河流麼
那裡有文化發祥地的尼羅河
文化結晶的金字塔
為了摯愛森林和河流
我把故鄉拋在身後
在你的胸上
我沐浴著愛情的源泉
摘取智慧的果實
愛情的源泉使我潔白而健康
智慧的果實堅強我的精神和體魄
生命像一條疾馳的河流一樣
在世界上作無窮盡的奔流

我追求，我追求
我離你而去了

因為，我不能漫延了時光
像哲人永遠的沉思
恐怖的時代要我
做一個倔強的鬥士

北國呀
離開你已經有四年
風霜鍛煉了我的筋骨
少年的顏面漸漸蒼老
悔恨的種子給冬天的雪壓死了
我珍惜著給我以苦痛的時間

北國呀
離開你已經有四年了
你古老的面孔更為愁郁
我少壯的心是更強了
青年無辜的死和被迫的逃亡
使你在沙漠中更為寂寞
現在，你昏沉地睡去了
像死了一樣
你的頹廢雖不曾使我哭泣
然而，卻引起我深深的懷念

北國呀
春天的溫暖溶化了你的冰河麼？
春天的風吹醒了昏睡的草原麼？
曾經愛過我的人仍健在麼？
樸實的農民在耕種他們的田地麼？
美好而偉大的平原呀
你在世界上還存在著的吧？

歡迎中國的友人

——致日本反侵略作家鹿地亘先生

黃河的潮水已經泛濫了
長江的怒濤正在澎湃

中國兒女冰雪的心
已經在溫暖的春天裡武裝
警號使每個青年都集合了
戰旗在頭上飄揚
"中國的友人"來啊
我們在熱誠地歡迎你
歡迎你來一齊踏上決鬥的戰場

你啊！"中國的友人"
你終於勇敢地來了
你將懷念的祖國離得遠遠地
代表了日本勞苦大眾來傳播你的呼聲
當我們在嚴肅的"敬礼"的呼聲中
看見你勇敢的誠摯的面孔
聽著你激昂的言語，握著熱烈的手
胸中真是激起了不可言說的感動

怎樣言說呢
中國青年以樸實而忠誠的心
在超種族超國界的戰線上
來歡迎勇敢的"中國的友人"

我們是唱著自由之歌的少壯

正在血和火的陣地裡鬥爭
新的力量已經隨著黃河長江的浪濤而起了
自由的中國將在這些少壯的手中建成

來啊！這兒是自由的流著血的國土
沒有追蹤你的警犬

沒有黑暗的牢獄和重的鎖鍊
自由的歌會使你奮發而欣喜
抗戰的呼聲響遍了原野
雖然，你和祖國已經隔絕了
你仍然聽見侵略戰的重荷
加強了日本勞苦大眾的呼聲
奮鬥啊！將意志結成一個鐵錘
然後再將有力的臂膀挽緊

長江已經抓起狂波
黃河在泛濫著急潮
偉大的同情在燃燒冰雪的心
中國青年已經武裝了
來啊！"中國的友人"
大陸上歡迎你的喇叭已經吹起
你聽那激昂而清澈的聲音
把手挽緊，把鐵鎚握緊
去粉碎日本大眾和中國大眾的敵人

戰爭中的歌人 ——紀念聶耳

不羈的勇敢的歌人喲
你帶著海嘯似的歌聲死去了
可是，我們到處都看見勇敢的歌人
到處都聽見勇敢的歌聲

我們的在戰場上的同志
在工作著的伙伴
以及在前進中的隊伍
他們在熱情地唱著
你雄渾的歌曲

你的歌
掃去了昔日的萎靡和衰頹
捲去了昔日的肉慾和黃金

你的歌
在鍛鍊著千百萬民族解放的戰士
在飼養著無數飢餓而焦急的靈魂

你的歌在鼓吹著解放的戰爭
現在，解放的戰爭已經來臨
歌啊！勇敢的歌啊
這是奴隸們的怒吼
這是被壓迫者的呼聲

你的歌
使千百萬健兒到戰場去了

我們也在戰場上勇敢的殺敵

現在
民眾在唱著戰爭的歌詞
民眾在訴說著一個歌人的故事
炮在響，喇叭在鳴
爲了紀念一個偉大的歌人
戰士們在雨彈中英勇地前進

土　壤

我愛肥沃的土壤
那結著碩大的瓜果的土壤
那長著整齊的禾麥的土壤
在六月的太陽下
我的跣足踏著灼熱的土壤
汗水滴在土壤的裂縫裡
心裡是多麼愉快地看見
土壤和高粱葉子發光

茅屋燒了
妻子死在籬門前的太陽葵下
炸彈粉碎了兒女的屍骨
敵軍屠宰了我的牛羊
土壤啊!為了不能占有你
我離開你肥沃的土壤

再聽不著布穀鳥的叫聲
和秋夜裡唧唧的蟲鳴
每年不是秋蟬在作最後苦叫的時候
我便預算著了土壤給我多少收成

離開土壤之後
我臥著的是瓦礫
踏著的是焦土
羸瘦的草我也看不見呀
只有一株像我一樣寂寞的枯樹

我離開土壤之後
肥沃的土壤將播著異國的種子
將栽培著異國的植物
可是，這些贏瘦了肥沃土壤的收獲
是不屬於我，是不屬於我

還給我祖父遺留下來的肥沃的土壤
那是結著碩大的瓜果的土壤
那是長著整齊的禾麥的土壤
在那葱鬱的樹林裡
有曾經使我兒童時陶醉美麗的新鄉
縱然，土壤裡有我妻子的骨，兒女的肉
是我流淚的地方
然而，我卻不能離開祖父遺留下來的土壤
讓我，在肥沃的土壤上播著仇恨的種子
向敵人發出仇恨的槍

　　　　　　　一九三八年十二月七日，武昌。

水手兄弟

我不是帶著白帽的
在戰艦上掙扎的水手
不曾有過碧藍海上的巡行

我是巴人
從瞿塘峽的險灘游過
到過巫峽的絕壁啊
從孩童的時候
就不曾恐懼險惡的洪波

人家叫我"水毛子"*
家被洪水沖去
父親是葬在濁流裡
隨著父親遺留下來的木船
來到繁華的武漢

除了一身藍色的短衣
唯一的財產
就是破布片補成的帆
和樟木作成的古老的船
再有,就是:天上的陽光,水裡的魚
貧困不曾屈服我
我受盡人們給我的欺侮
水波給我的艱辛
我終於在苦難中長大
我立志要在祖國的海上
作一個航海的人

海的夢是遙遠的
希望像海鷗在海上飛揚
海的光在召喚我
像在我頭上笑著的陽光

啊，帝國主義的侵略戰爆發了
海是被掠奪
海岸被敵人封鎖
夢想著的遙遠的航程啊
有無數敵人的艦隊
在江上游弋

繁華的武漢
你現在是祖國的唯一的水都
有千萬只木船在這兒停泊
敵軍的艦隊將迫近了
他們要實行強盜的掠劫

木船會被焚盡
財產會被掠奪
孩子也不免於殺戮啊

啊！水手兄弟
碼頭上的伙伴
不要等候著敵人給我們的枷鎖
不要等候著自己的孩子被敵人殺戮
我們不是和險惡的波濤搏鬥過來的呢
啊，鬥爭的力量
就是屬於我們粗黑的臂膀

中國的船不能越出中國的海岸
這是悲哀，這是恥辱
現在，在整個的江上，我們的船呀
也不能自由地航過

啊！鬥爭啊
戴著白帽的同志
把錨拔起來
把炮架起來
碼頭上的伙伴啊
快掘深深的戰壕
江水汹汹地漲著
水手兄弟動員了　　　　　　　　— *水毛子為捕魚之動物

致奧國一士兵

最近一位奧國士兵從維也納寄來一封信并附詩一首，這位被德國侵略者壓迫著的奧國兵，非常同情中國的抗戰，在這位失去了自由的奧國兵的信裡，對於爭取自由平等的中國的抗戰，充滿了同情的呼聲。

在法西斯的黑影下
你的祖國被迫而屈服了
無恥的屈服啊
但奧國青年不屈服於任何暴力
像反帝的中國青年之群
在國社黨的統治下你勇敢地反抗著
這就是奧國青年不屈服的鐵證

奧國青年同志
遠遠的聽到你同情的呼喊
你是懷著堅強的信念
你在暴力的淫威下
還關懷著中國同日寇的決鬥啊
"我們決不屈服，直到一生"
同志們每秒鐘都聽見這神聖的誓言

不屈服，決不屈服啊
起來吧！世界一切被壓迫的民族
用堅強的團結來鬥爭喲
在黑暗的世界上點燃自由的烽火

遠東的鋒火已經燃了
遠東被壓迫的民族

將成爲世界革命的中心
因爲遠東革命的大眾
已經開始了反侵略的革命的戰爭

奧國青年同志
謝謝你同情中國抗戰的深意
中國青年對被壓迫奧國同志的希望

願奧國青年同志的心結成一塊鐵
歐羅巴雖然還酣睡在黑暗的夜裡
東方已升起自由的旗
它已博得全世界的同情
和弱小民族的敬禮

捷克悲痛的孩子

捷克年幼的孩子呀
你跪在 Massaryk 的墓前
悲哀地伏在欄柵上
用手蒙著流淚的眼睛

你知道在捷克的土地上
不會再有使你溫暖的太陽
布拉格，快樂的布拉格啊
在滾著希特勒大炮的車輪
飛著遮蔽太陽的納粹的旗幟

光榮的祖國就這樣追蹤著
光榮的 Massaryk 總統而長眠了麼？
Massaryk 還活著呀
他活在你年幼的心裡

假使你已經讀過了
Massaryk 的《建國紀》
你不會再哭泣
這淚點會變成年青的力量
像春天的草在“乳和蜜”的地上滋長
你知你還沒有出世的時候
總統還沒有建立祖國之前
捷克人和斯諾伐克人
是怎樣受著哈布士堡族的踩躪

你們偉大的國父

就是你面前的 Massaryk 總統呀
他建立了光榮的捷克
又怎樣用智慧的鐵拳粉碎了
奧匈帝國運動的陰謀

孩子，悲痛的孩子

失去了“乳和蜜”的土地的孩子
你不要以爲 Massaryk 總統
生來就居住在波希米亞的王宮
他原是一個鄉下的平民
一個厨女生的佃農的兒子

捷克悲痛的孩子
拾起頭來吧！抬起頭來吧！
打開你的淚眼
來看看這個屬於年青人的世界吧
你也是一個平民，一個農夫的兒子啊
雖然，布拉格已經被納粹的軍隊佔領
可是，你是 Massaryk 的繼承者
將來應該用強力來挽回捷克的命運

波希米亞高原上的婦人

波希米亞高原上的婦人
戴著白頭巾
穿著在田野間勞作的服裝
在 Massaryk 的墓前祈禱著
戰慄的祈禱著
像天主教徒一樣的虔誠
小孩也在流著靜默的淚啊
四周的樹木非常寧靜

幾個農婦很整齊的跪在墓前
用淚眼平視著
光榮的 Massaryk 的墓碑
像是在心頭悲哀的說著
這是捷克最後的日子啊
以希求上帝賜福的虔誠
去希求捷克已死的先知
解除她們一些難言的痛苦
波希米亞高原
霸歐洲的要塞
這肥沃的土地
將會為納粹製造戰爭的利器而枯瘠
現在是春天
正是播著種子的時候啊
淚是和種子一同落在麥田裡了
麥種會因淚而茂盛
可是，收獲成熟的金黃的麥穗
她們將會灑著更多的淚雨

野鳥在悲哀的叫
她們已經感到了
那樸實的快樂的民歌
帶著斯拉夫特性的彩色的圖畫
和鮮豔的服裝
將會成爲暮色的景緻
與黑色的喪服啊
現在，春天同鳥兒來到高原
她們不能像鳥兒一樣舞蹈

茂盛的麥田
煤礦，鐵礦，鹽井
是戰爭的糧食和原料
現在不能作反條頓主義而用啊
這是波希米亞高原呀
烏克蘭的根據地
啊！卡伯斯特
與佛朗合伯斯特的溫泉
將會染著納粹間諜的臭汗
銅盔團團員污濁的血

波希米亞高原上的婦人
在 Massaryk 幕前祈禱著
戰慄的祈禱著
她們聽到原野上戰爭的警鐘響了
預感到飢餓與死亡

歸來

白馬蒙著眼睛
蹄聲在雨的街上響著
熟悉的街道啊
我回來了

轉一個拐角
就是高高的白楊
在第二號電桿下
就是舊日的門窗

那裡有人
在夢裡懷念著我
急催的門鈴
會把夢裡的人驚醒

她們將會扶著我
很艱難的跨進屋裡
她們看著我光榮的創傷
會流著喜歡的淚滴

夜喲!深寂的夜
雨喲!淅瀝的雨
看我的想念已隨著馬車馳聘
街上的門呀
你們為什麼緊閉?

九月之晨

清晨披著乳白色的霧
我騎上紅馬
穿著黃色的戎衣
雨後的黃泥
滯著我輕快的馬蹄

緩慢的走上
蒙著霧的長長的草坡
然後沿著
蒙著霧的茫茫的河
馬兒進了深邃的林間
聽鳥兒們唱清晨的山歌

溪水的淙鳴
新奇的歌啊
是幽暗的林壑中的神秘的音樂
晨風拂著我
霧為著我的馬兒前行
在慢慢地讓開

走出了深林
田野間的霧已經散盡
上前線的大路
使我病愈後的精神振奮

上前線去吧

上前線去吧
我已經看見像戰士鮮紅的血液的
——九月的薔薇
在一叢綠葉之間

我安慰似地摘下了薔薇
插在紅馬的頭上
紅馬飛馳著奔回兵站　　　　　　— 九月諸暨兵站

戰爭的消息在催促我

雖則我有些倦於風塵中的急馳啊
然而，戰爭的消息在催促我

離去之前的憂鬱
使我不安地在小屋裡徘徊著
最使我苦惱的是靜默的畫像
壁上發寒光的短劍
蒙著灰塵幾卷凌亂的書

溫暖的風敲著孤寂的窗
像是送行的好友一樣
他在門外招呼我？等待我？留我？
好像在說：冰湖已解凍了
你去了之後是不是
要白楊落了最後一葉你才歸來

啊！我有些憂鬱，深思，眷戀
然而，戰爭的消息在催促我

我知道冰湖已解凍了
歌已經留在她不會遺忘的心裡了

在這短促的良宵夜
在這金黃的什麼時候再見的良宵夜
將這個手風琴留的這裡

將這從海外帶回來的舊皮囊留在這裡
趁她還沒有回來的時候
我將無言地離去

在小小的木屋裡
風在靜謐的夜霧中
送來轆轆的兵車開動的聲音
啊！戰鬥的時光在召喚我
要我騎著紅馬
奔向極遼遠的前程

和平神像

傲然地立在黃浦江邊
你是從哪裡來的呢
從亞細亞，歐羅巴？

和平的月桂冠已經不在你的頭上了
戰神熊熊的炬火燒黑了你的顏面
你頭上雖然頂著青青的天幕
你的翅膀呀
蓋著深深的黑暗

我現在剛剛回到被凌辱的祖國
不知道你從什麼時候來
黃浦江上有無數的軍艦巡行
我也不知道你是否永遠在這兒存在

你是只會望著那江上遠處來的巨船軍艦
你是看不見祖國勞苦的兄弟在飢餓中
掙扎，呼喊
那些面目薰黑的兄弟、瘦骨嶙嶙的兄弟
髒骯而齷齪的婦女，乞丐似的船娘
以及那排列在岸邊上破鞋似的木船
啊！你也會看見插在次殖民地的國土上
異國的旌旗
你也會望見水門汀的建築
銀行，公司，買辦機關

租界裡的條條灰色的大馬路
士敏土裡混合著華人的血啊

租界裡的重重建築
鐵條曾經折斷過華工的骨啊

我想黃浦江邊是一片荒灘的時候
你一定不曾來保衞東方的和平
兄弟的血汗將要被壓取盡了
吼出反抗的呼號
戰神就把你立在這兒
作一個戰爭的鐵盾
你的形象在被壓迫者的眼裡
就像一個善良的和平神

你看見許多從歐羅巴來的巨船從島國來的軍艦
有許多重的貨箱武器行囊壓上祖國兄弟的肩膀
他們就在烈日下悄悄地死去
一批新的工人來繼續吭唷吭唷的呼唱

你本是善良爲了勞苦的死，勞苦的呼聲
你曾虔誠地祈禱過和平
可是你的聲音過於微弱
頭上的上帝，足下的弱者，也聽不見你的聲音
你，不進化的和平神喲！沒有頭腦的和平神喲
你只看見歐洲大戰一個個的健兒，死在廣漠的戰場
你就看不見東方的人民死在無形的戰爭
古國的子孫有多少都無聲地死去
你還在向著被毒害的人民宣傳和平
假如死的數量會驚嚇你了
假如你恐懼於戰神的屠刀
和平神喲！你不要再在黃浦江上張開翅膀歡迎
有武器的海賊！沒有武器的強盜

給一個放逐者

應該感謝的是
沒有把你的生命交給電椅
沒有把你的生命悄悄地在大海裡埋掩
應該感謝的是
沒有把你放逐到冰雪的寒帶
沒有把你放逐到廣漠的荒原
應該感謝的是
把你送回正在受難的祖國
把你送到防禦的第一條戰線
給敵人以不盡的感謝吧！朋友喲
敵人給我們展開鬥爭的場面

最令人痛恨
用鐵鎖把你囚在鐵牢裡
用皮鞭無情地打你
最令人痛恨
在你耳邊流蕩著侮蔑的言語
在你臉上劃著侮蔑的標記
最令人痛恨
國還沒有亡
已經把我們當作亡國的奴隸
像狂風一樣的侮辱在你頭上掃過
爲了什麼？——一首反帝的詩

可是，你還沒有死

你還是一個熱情的詩人
你還是一個意志堅強的青年
你還沒有死
你在澎漲著被壓迫的激動
你在忍受著一切痛苦的鍛煉
你還沒有死
你在磨煉你的武器，你的筆
在為著群眾的仇敵而戰
回到祖國去吧，朋友喲
戰壕中需要有力的動員
你須得緊記
除了你在海外被囚的光榮之外
還有受難的兄弟，無情的仇敵
你須得緊記
羞恥劃在臉上，憤怒刻在心裡
還有人在這兒作著奸細
你須得緊記
在祖國的野原上，無數島國的軍隊
在殘殺著大陸的兄弟
緊緊的記著吧！朋友喲
一次的記憶會給你十分的痛恨
十分的痛恨會給你百分的力
一個新的路向
往昔的囚人成為今日的戰士
窄狹的牢獄換成廣大的戰場
一個新的路向
你離開了內心腐爛的智識群
握著勞苦大眾熱熾的手掌
一個新的路向
你把筆換作了我們的槍

在戰壕中去聯合真實的力量
走向新的路向吧！朋友喲
以你寫詩的熱情去燃燒
戰壕中每一個戰士的胸膛

一九三五年于東京

在大別山的峰頂上

碧綠的田野
古老而沉鬱的山峰
縱橫的河流呀
你們排列在我的足下
我用無比的熱情與勇敢
站立在崗位上瞭望

我俯視著群山
俯視著祖國光輝的平原
那是黃河和長江流域的人民
播著文化種子的平原
綠油的禾苗在被風撫摩著
蔥鬱的森林在沉思著
平曠的原野在微笑著
交織著聲音與彩色的平原啊
想到敵人和兄弟們的血
將灑上你淨潔的顏面
使我心裡很是感奮
當風忽然間在林間呼嘯
我像是聽著古代的北方胡笳
風揚起像魔帳一樣的塵土
我看見一個浩渺的無邊的戰場

古戰場的塵埃漫著的
和平的大陸
有多少強敵的鐵蹄
在你的胸上踏過
強敵的劍斷了，血流了

黃帝的後裔終究把強敵
趕到多岩石的沙漠

陰霾的日子
無光彩的平原呀
一切一切都在風裡靜默
軍號和馬嘶消逝了甘美的歌聲
那屈辱的欺驅的日子已被遺棄
平原上的守衛者
開始和平的戰爭

碧綠的田野
古老而沉鬱的山峰
縱橫的河流呀
我獨立在峰頂上
比群山更高
我在注視著強敵
一個搏鬥的先知
太陽閃耀著刺刀的光芒
一個守衛的勇士

冷靜地立在這兒
我熱情中的理智分外清澈
我等候著強敵襲來
無論是在白日或黑夜
風在林間呼嘯
像是在林間唱著敵軍的葬歌
因爲在我的足下
已經掘好了守衛者的戰壕
侵略者的墳墓

牧羊人

尋著蘆笛的聲音
我同許多武裝的兄弟
從青青的河畔走過
襤褸的牧羊人啊
你孤獨地立在這兒
低垂著你沉思的眼睛
你是在俯視祖國的原野
還是在看守你的羊群
告訴你，孤寂的牧人
我們是從偉大的曠野中來
這是一群大陸的看守者
日落了
我們和你一樣
還不願和原野離開

在雜生著野黃花的河畔
有無數蠕動著的白色的羊
牧人啊！
幾乎要我流出淚來
請聽我說說我要告訴你
不曾見過的悲慘的情境

我們來自敵軍蹂躪過的城市
那裡房屋毀了
市街像墳墓般的荒涼
小孩和老婦的屍體橫集
還不如這河畔一群咩咩的綿羊

我們來自貧困的鄉村

那裡也是被敵軍劫後的地方
農民都走了
爲了游擊敵人
他們暫時掩伏在密密的森林

我們來自清冷的江邊
江上飄流著被敵軍擊破的小船
網朽了
魚在河中跳躍
漁人的屍身已在江中腐爛

我們是來自決鬥的戰場
那裡有我們民族的勁敵
抗戰浴血的弟兄
我們帶回來烽火的消息
要集合廣大的兄弟向前方衝鋒

牧羊人啊！我問你
是淚水浸潤著你的眼仁
是熱血噴滿你的胸膛
說吧！你在沉思些什麼
你是在看守你的羊群
或是想到那些被劫的地方

年青的牧羊人啊！來吧
忠實的兄弟
你在沉思，還是在傾聽
前進的軍號發出悲壯的聲音
啊！親愛的兄弟
你與其作一個柔弱的牧羊者
還不如作一個保衛祖國的哨兵

戰爭給我以愛情

我不知道我從什麼地方來
我卻知道爲什麼要赴與戰爭

假如我戰死了
同志只知道我的姓名
不知道我的出生
沒有一個人的記憶裡
會有我的影子
沒有一個人民知道我是勝利
或是死去
但是，我爲了國家獨立的光榮
作一個戰死的無名英雄也罷
要赴與戰爭

我不知道有人會想起我
我也不曾想到，也沒有懷念
青春的苦惱已經成了頑固的鐵石
寂寞的蛀蟲已經把我的記憶蝕完
冬季的風僵凍了我的童年
現在，我的心像我戰鬥的槍一樣
它在爆發著鬱結已久的火焰

除了戰鬥我沒有別的想望
有時心像古老的峰頂一般安穩
我從不曾想到別人的想念

但是，我接到一封意外的來信

啊！不相識的字跡
熱情的語言
起始就稱呼我英勇的戰士
在那纏綿的 "祝我勝利" 的語句下邊
署著一個陌生姑娘的名字
她說：現在正是嚴寒的冬日
有許多姊妹在為我們趕製棉軍裝
她說：不久可以寄給我們
因為，她是住在遙遠的後方

我默默地放下這封書信
是怎樣感謝人民的愛護
陌生女郎的熱誠
我感謝，感謝不盡
戰爭啊！我至誠的將生命獻給你
你卻至誠的給我以愛情

大馬湖上

湖呀！太陽用金絲的髮
遮著你藍色的眼
又用金絲的髮
拂著你淨靜的顏面

我想唱一支小曲
為你的美麗，清湛而歌
可是，我從戰場中來
我歌不成聲
鐵和鐵的相擊
使我少年的心快要老盡

我讓你溫和的風
洗刷我役靴上的塵垢
不讓你清潔的水
洗滌我劍上污穢的血流

我不能為你而歌
因為我的歌聲不響
就此沉默地去了罷
乘著箭似的小船
好像跨上一匹大馬

畢蘇斯爾基的女兒

― 贈波蘭 MyRodevith

畢蘇斯爾基的女兒啊
辛苦的流浪已經十年了
你從不曾忘記你的故國
當你未到中國光輝的戰都
當畢蘇斯爾基的土地上
還未流著畢蘇斯爾基兒子的血液
我在你異國的熱烈的言語裏
看見你眷戀故國的摯情

如今，你來到東方魅人的國
你仍然帶著在故國時美麗的青春
可是，你底眸子已經有些灰暗
這是沉靜！裏面映著生活的遠景
遺棄凋殘的花朵一樣你遺棄了抑鬱
參加了中國兒女的營陣
高唱著次殖民地革命青年底戰歌

畢蘇斯爾基的女兒啊
你離開故國已經十年了
現在畢蘇斯爾基的土地已經成了廢墟
不知你如今流浪在那裏？
假如，你仍參加反侵略的營陣
我希望在最近能夠聽到你好的消息

附錄四：《覃子豪全集 I》補遺

貳、其他抗戰時期前後作品：

一、　大地在動

二、　我們是一群戰鬥的海燕

三、　祈禱在亞波羅面前

四、　渡漳河

五、　炸彈的碎片　（共四首）

　　（一）、棺材

　　（二）、母和子底死

　　（三）、守著父親哭泣

　　（四）、死不瞑目

大地在動

哦，大地在動
地球在黑暗的軌道上前進
黑暗統治了世界
愚盲緊鎖著人群
我緊張的心兒喲！你去吧
你去用殉道者的熱忱
在死寂的漫漫的長夜裡
在地球上去傳播一個雄偉的呼聲
去給古老的世界一個新的戰慄
去給失敗的人群一個死訊
去將恐怖散滿地球每一個角落
去將生活在地層下的人群喚醒
去鼓動他們的脉搏
去奮發他們的心靈
去指示他們一個大毀滅的波動

去告訴他們一個新世紀的來臨
大地在動，大地在動
去罷！我的心兒喲！你去罷
大地在動，大地在動
去罷！我的心兒喲！去告訴他們
哦，大地在動
地球在黑暗的軌道上前進

我緊張的心兒喲！你去吧

你告訴他們，這便是產生新世界的時辰

在死寂的漫漫的長夜裡

地層下的人群都在地層下追尋

這變換成了宇宙中的一個奇跡

這奇跡便是創造者神聖的同盟

我緊張的心兒喲！你去罷

你在地球上去告訴他們

當舊世界全盤地被熱流溶化了

告訴他們：新世界便會慢慢平靜

新的人群佈滿了新氣象的世界

他們努力，他們創造

他們的集體的力量在產生

從此世界不會有自私和殘酷

更再不會有吃人的窮困

地球上會有宏大的呼聲響應

哦！大地在動

地球在黑暗的軌道上前進

我緊張的心兒喲！你去吧

告訴他們吧！要興奮，要熱情

在死寂的漫漫的長夜裡

要把毅力和勇氣貫徹自己的全身

你告訴他們：一個大毀滅的波動

會將一個古老的世界全盤毀損

一個大毀滅的波動會掃去

世界上的暴力，地球上的不平

當黑暗的海洋在地球上洶湧

群山也在宇宙的大氣裡浮沉

舊時代的人們縱然嚎哭他們的命運

可是自私和刻毒已中傷他們的深心

地心的熱流在崩壞的地殼上進展

將腐化的物質一齊捲入地層

自然和生物，凡是舊時代的遺留

一切一切都將化爲灰燼

當黑夜被新的人群克服

地球會轉自一個新的路程

— 選自《詩歌生活》創刊號（1936.3）

我們是一群戰鬥的海燕

我們是一群戰鬥的海燕

盤旋在黑暗的島上

我們抵抗過風暴

　　沖破過巨浪

我們鼓著全力

負馱著壓迫的重量

我們鼓著全力

開張著活躍的翅膀

啊！奮飛吧！奮飛吧

　　飛過險惡的重洋

遠望著大陸的脈搏

　　向祖國沉痛地唱歌

──啊啊！我們受難的祖國喲

　　　為著洗掉你滿身的創傷

　　　我們掀起一個大的潮浪

我們是一群叛逆的海燕

奮飛在狂暴的海上

我們頭頂著烏雲

　　身浴著電光

我們互相激勵

希望在苦難中生長

我們互相激勵

　　　　不曾停息過翅膀

　　　　啊！奮飛吧，奮飛吧

　　　　　順著正確的路向

　　　　遠望大陸的脈搏

　　　　　向祖國沉痛地唱歌

　　　　——啊啊！我們受難的祖國喲

　　　　　　快準備一個偉大的力量

　　　　來迎接這暴風雨的時光 [1]

　　　　　　　　　— 東京，《文海》第一期，1936 年 8 月。

---

[1]　覃子豪：〈我們是一群戰鬥的海燕〉東京，《文海》第一期，1936 年 8 月。

祈禱在亞波羅面前

Apollon 喲

我沒有宗教

你就是我創世紀的耶和華喲

你就神聖的上帝

你在神聖般的火焰裡

你聽著我在黎明之前的禱詞

你的火焰在我心裡燃燒

從孩提時代起

我的心開始有愛和戰鬥底鼓動

風神撲不滅我心裡的火焰

火焰在鍛煉我青春期的長劍

你在引導我

你在鼓勵我的心臟

你用「力」和「美」構成了我的青春

你用「毀滅」和「創造」的元素組成了我的個性

Apollon 喲

你在引導我

你使我看見無數的天體

——群星，月亮，太陽

你使我看見大自然的脈搏

——山嶽，河流，海洋

你使我看見有生物的繁殖

　無生物的滋長

你使我看見生的歡喜

死的悲哀

你使我看見循環的本質

進化的體量

你使我看見愛和恨

友誼和仇敵

你使我看見慈愛和殘忍

歪曲與公平

你使我看見榨取和爭鬥

壓迫和反抗

你使我看見孤獨的死滅

團結的成長

你把這些智慧深印在我的心裡

你用火焰來鼓動我的心臟

你用火焰把我的幻想都燒滅了

你要我認識現實的真相

在每一個鐘秒裡

你用火焰來鼓動我的心臟

你要我讚頌

你要我歌唱

新時代的巨聲在響動

我開始歌唱了

我像是唱著一隻生了翼的歌[2]

註： Apollon，日神，司詩歌文藝之神

---

[2] 覃子豪：〈祈禱在亞波羅面前〉東京，《文海》第一期，1936 年 8 月。

渡漳河

今夜我渡過漳河，
月亮掉下苦澀的淚
家村的影子離我遠了，
想一想，彷彿跌進慘淡的夢寐。

五年了，在黑暗的原野上我戰鬥著
那璀璨的"真理"在我耳邊說：
　"鬥爭啊！堅決地鬥爭啊！
偉大的光明就會在你眼前閃爍。"

五年了，在黑暗的原野上我戰鬥著。
為了自由
悄悄流過許多血和淚
任青春的影子被秋風吹，北風吹。

今夜啊，把自己破襤的影子拖過漳河
一群雁子為我唱流亡的悲歌。
可悲的雁子啊！
我的淚泉已枯乾了，
正需要熱和火，
雖然你們會說：
　"火是毫無用處的，抖了一陣，冒

一陣烟，便熄了。"（注：《羅亭》中密哈羅‧密哈伊里奇語）

五年了，北方荒原上的路我已走熟
"自由"和"光明"依然在黑暗的林中悲哭
我還是緊握著我的斷劍
在黑暗的郊原上戰鬥著，戰鬥著
雖然後邊是荒村狗泣，前面是鴟梟鵵的"呵，呵"

今夜，我渡過漳河，
拿著我的斷劍
要去攻擊那些黑暗旳城廓

炸彈的碎片

　　7月19日，敵機三十九架，分路進襲武漢，向三鎮瘋狂投彈，投彈地點，完全爲平民區，約投大小炸彈二百餘枚，死傷平民約六百餘人，情形至爲悲慘。

一、棺材

一列列的在長街上走過

大的棺材

小的棺材

白色的棺材

黑色的棺材

裡面是裝著受難者不全的屍首

救護隊，紅十字隊呀

你們從火葬場中出來

把無辜的死者抬到哪兒去呢？

你們將死者抬到墳場去麼？

或是將死者抬到法庭去控告呢？

假如：人類有正義的裁判

請你們不要忘記揭開死者底木棺

二、母和子底死

無數的沒有手沒有足的孩子呀
腦是破裂了
腦漿直流
焦黑的背
油黃的肚皮
像是廚房裡燒烤的兔
像是太陽曬焦的糞土

一個孩子的嘴是張著的
死前的悲慘的喊叫早消逝了
他底手還緊緊地抓著塵土
可憐的孩子啊
你是抓著母親的手呢
母親已經在你底身邊
她掙扎似地伏在地上
髮髻燒成了黑灰
臉是焦爛的，張著嘴
露出白色的牙齒
她是在呼喚你呀
睜著恐怖的眼睛
她看見你受著強暴者底火刑
孩子呀！瘋狂的殘暴

不能毀滅人類偉大的愛

同你一樣命運的母親

爲了保護你

她拼死命地匍匐在你的身邊

三、守著父親哭泣

人們團團地圍著

看見一個孩子

守著父親的屍身哭泣

死者的身軀是健壯而高大

炸彈的碎片洞穿他肚腹

牙根緊緊咬著，是在作無情的詛咒

胸脯的起伏早已停息

孩子骯髒的臉上掛著黃色的淚珠

孩子是年幼而瘦弱

人們間

“你的母親呢？“

孩子傷心地回答

“母親是死在戰場裡”

人們眼睛裡是充滿著同情的淚水

看見孩子是流著無辜的淚

人們眼睛裡燃燒著復仇的火

看見死者流著無辜的血

人們在為孩子悲傷

為死者默禱

人們的淚水不再流

那是被復仇的火燻乾了

四、死不瞑目

蒙難者呀！你死了

為什麼不瞑目呢？

你是在向著天空憎恨

我知道你是不甘心

作一個未抵抗而死的人

你是未死還是死了

你的心臟已經被火燒毀

你是睜著白色的大眼

還在向生者作最後的宣告

你像是在說

“死呀？死得要有代價

我們是人呀

不是一群被屠殺的牛馬

爲什我不在生前同強盜拼了

作一個果敢的復仇的人 “

── 　原載《詩時代》創刊號（19 3 8.9）

（注：詩刊《詩時代》由漢口詩時代社出版、發行。）

附錄四：《覃子豪全集 I》補遺

參、出現在《自立晚報・新詩週刊》者：

一、北斗、燈塔 ─ 北斗・燈塔是慰藉底象徵

二、約

三、船

四、凝視

五、邂逅

六、匯合

北斗、燈塔

— 北斗・燈塔是慰藉底象徵

燈塔是黑夜大海裡孤舟的慰藉

北斗星是迷路的夜行人的慰藉

一個崇高的感情

是心靈孤寂的人底慰藉

靈魂須潛沈應該潛沈

感情須奔放就該奔放

莫待星光隕落，燈塔熄滅

只留下空虛和悵惘

我珍惜這些光明的時間

這些是人類的優美的詩

人啊！要在生活中去尋找

真實的養料

生活和理想所鍛鍊出來的感情

是更見崇高 [1]

---

[1]　刊《自立晚報・新詩週刊》第四期，1951 年 11 月 19 日。

約

我要告訴你

今天有個藍天

假如你喜歡，我願同你去

去看海上的白帆

那兒的天空是偉大而遼闊

海是深沈而蔚藍

假如，你願意

海風會把你的憂鬱吹散

我的心本可作主

但又覺得毫無憑依

假如你願作一個旅行

我願意陪同你去

我覺得一切都是夢

但又覺得人生多麼真實

假如你相信

海和天就是真實的憑據[2]

---

[2] 覃子豪：〈約〉刊《自立晚報・新詩周刊》第九期 1951 年 12 月 31 日

船

船是從山和山之間的激湍中來的
船是從平原上茫茫的大河裏來的
逆流，險灘，暗礁
使它憔悴了，憔悴了！
在漫長的途程，漫長的歲月裡
它奔馳著，孤獨而寂寞
但它像在欣賞著黃昏和黎明
泡沫的囈語和浪濤的歌聲
今夜，它棲宿在靜靜的海港上
同著無數長征的伙伴
而它是孤獨地在回憶著
溫柔的水波給它無盡的折磨
它在憧憬明日的未知的境界
可預測的未來？[3]

3　覃子豪：〈船〉刊《自立晚報・新詩周刊》第九期 1951 年 12 月 31 日

凝視

讓我的眸子
在你光潔的髮上滑行
在你深沈的眼裏游泳
在你微笑的唇上輕吻

讓我的眸子
提升夢底思念
探你笑底神秘
傳我心底消息

讓我的眸子
爲你說無聲的話
唱無譜之歌
寫沒字的詩[4]

[4] 罩子豪：〈凝視〉刊《自立晚報・新詩周刊》第 28 期 1952 年 5 月 19 日

邂逅

小舟的殘骸
尙擱淺在礁石上
餘悸猶在心頭戰慄
我第一次看見你
怎麼能夠說出我的情緒？
因爲，我會驚悸我的足
又將向海路走去
我是剛在沙灘上醒來的
你明潔的微笑
如海上的麗日
心裏雖是依戀
而我矇矓的睡眼
對你的光輝
又不敢逼視[5]

匯合

一

兩條河流
一條由東奔來
一條由西奔來
是來自兩個不同的世界
一條來自怪聲岣嶙的峽谷
一條來自花朵芬芳的平原
兩條河流
朝著一個方向
他們似曾相約
要同赴那久久渴慕著的海洋

二

那來自西方的
是蜿蜒在谷地裡的長龍
它的呼嘯震動了山林
它的琮鳴是銀鈴的樂聲
它自峽谷中奔騰而出
充滿著自信和生命的力
像一個大無畏的使者
日以繼夜，長途跋涉
它衝過所有的阻礙
帶走落葉，野草，泥沙和石塊

負著渾身的疲憊和創傷

一瀉千里地奔來

它給兩岸散滿了花朵

可不在這兒停留

它以競走者的速度

趕到陸地的盡頭

啊！陸地的盡頭是海

海的盡頭是藍天

它驚嘆著，跳躍著

這兒的真實，永恆和無限

　　　三

那來自南方的

是一條透明的河流

心上印著美麗的幻影

它夢想著一個不凡的追求

它留戀著馥郁土地

更嚮往無際的海洋

緩慢的移動柔白的身子

而心中有無盡的思潮洋溢

在春日裡，它加緊了腳步

向著海口狂奔地飛來

它像是無數張開白翅的天使

現出令人驚奇的姿態

岩石被水花衝擊

樹林像萬眾歡騰

這是生命的節奏

是理想和現實組成的和聲

海躍動的脈膊

活躍了它壯闊的心

啊！它在這兒找到歸宿

在這兒認識了光輝的生命

四

海是兩條河流的焦點

是水與水的還原

他們邂逅在海洋裡

相互感到知遇的歡喜

他們不言而喻

就在這裡結合

永恆的結合

分不出你和我

而海像母親張開手臂

歡迎他們的結合

而且豎起寬闊的大耳

聽東流與西流合唱的凱歌！[6]

---

[6] 覃子豪：〈匯合〉刊《自立晚報‧新詩周刊》第 58 期 1952 年 12 月 15 日

附錄四:《覃子豪全集 I》補遺

肆、其他:

十月

秋天的列車,遲遲的,馳過九月多風雨的驛站
累你等得久了,它正馳過蕭瑟的樹林,起伏的山坡
馳向收割的沃野,馳過虹橋,馳入十月的圖畫

十月的太陽憑窗窺視,然後以跣足跨進你的愛門
它親切的凝視你,默遞一個音訊,慰你寂寞
我真願知道你的感覺,就喜悅在你心頭激盪的回音

是花和葉的十月?百合開滿山野,果實累累盈筐
是蟲和鳥的十月?蚱蜢撲向你懷裡,野鴿啣著秋穀飛去
十月是屬於我和你的夢底圖案啊
花、葉、蟲、鳥是秋天的裝飾

十月畢竟來了,我歡迎它來,正因你會歡迎我去
土曜日是幸運的日子,我準在和你約定的日子起程
在旅途孤獨的想念裡,我會不知覺得
走向你的夢中,邀你和我同行

　　　　── 四十五年十月四日寫 [1]

---

[1]　《覃子豪詩選》北京,中國友誼出版公司,1984 年 8 月第一版。頁 1

附錄五：《藍星宜蘭分版》編目 （一至七期，缺第六期）

第一期　民國四十六年元月號：

封面：刊頭語
　　　凡爾哈崙畫像
創作：

十月	鼎文
拾舊輯（二首）	白荻
永恒的懷念－獻給母親、詩集	
你在希臘	夏夢林
希臘沉船記	吳望堯
陽光下的陰影	羅門
出發	彭捷
橋	沉思
五十年後	王關瑜
良心	阮囊
小園	艾笛
夜雨	德星
影子	吳瀛濤

編後記：　　　　　　　　　　編者
日本近代譯詩：　　　　　　葉泥譯

廢船	星野瀛一
燄火	井手文雄
谷間	藏原伸二郎

法蘭西詩選：　　　　　　　　　　　覃子豪譯

　　鐘錶匠　　　　　　凡爾哈崙作

　　磨　　　　　　　　凡爾哈崙作

第二期　民國四十六年二月號：

封面：難懂的詩　　　　　　　　　　覃子豪
　　梅特休克畫像
創作：
　　星　　　　　　　　張秀亞
　　露珠　　　　　　　吳望堯
　　朱莉莎　　　　　　阮囊
　　雲（共七首）　　　趙天儀
　　　　雲與黎明、雲與山、雲與潭、雲與樹、
　　　　雲和小雨點、雲與天風、雲黃昏
　　燈與影－給洛利之二　　　白萩
　　大地的油畫　　　　　　　沉思
　　聽蕭邦－給一個蒼白的彈奏者　　林子
　　夜起　　　　　　　　　　王關瑜
　　白蓮　　　　　　　　　　施薇
　　夜　　　　　　　　　　　瘂弦
　　土地祠　　　　　　　　　瘂弦
　　動物素描（共十二首）　　梅占魁
　　　　獅、虎、豹、雄鹿、黑熊、狐、
　　　　波斯貓、錦蛇、鱷魚、孔雀、火雞、鷹

美國詩選： 　　　　　　　　　念汝譯

　　　山雀　　　　　　　　康可寧小姐

　　　月光　　　　　　　　康可寧小姐

　　　兒童的神話　　　　路易・昂等梅耶

　　　愛情風景線　　　　　陶瑪・考爾

　　法蘭西詩選：覃子訥譯

　　　歌　　　　　　　　　梅特林克

　　　破瓶　　　　　　　　蒲律多麥

第三期　民國四十六年三月號：

封面：詩的奧秘　　　　　　　　　覃子豪

　　馬拉爾美畫像

創作：

　　　宇宙的鄉愁　　　　　　　　光中

　　　白雪之戀　　　　　　　　　蓉子

　　　松樹　　　　　　　　　　童鍾晉

　　　夢湖　　　　　　　　　　　林子

　　　谷間　　　　　　　　　　蘇美怡

　　　小花　　　　　　　　　　游曉洋

　　　騎士的憂悒　　　　　　　吳望堯

　　　婚宴　　　　　　　　　　阮囊

　　　生命中的生命　　　　　　　向明

　　　答　　　　　　　　　　　　沉思

　　　春　　　　　　　　　　　邱瑩星

　　慧星　　　　　　　　　　　　　陌客

　　諧奏兩章（二首）　　　　　　　瘂弦

　　　　羅馬、野薺薺

編後記：　　　　　　　　　　　　　編者

　　美國詩選：　　　　　　　　　　念汝譯

　　　　遠航　　　　　　　　　冠雷

　　　　游子吟　　　　　　　　卡曼

　　法蘭西詩選：　　　　　　　　　覃子豪譯

　　　　春　　　　　　　　　馬拉爾美

　　　　眼睛　　　　　　　　蒲律多麥

第四期　民國四十六年四月號：

封面：詩壇散步　　　　　　　　　　覃子豪

　　沙曼畫像

創作：

　　水仙　　　　　　　　　　　吳望堯

　　蠶　　　　　　　　　　　　沉思

　　落日　　　　　　　　　　　林子

　　詩二首　　　　　　　　　　江嵐

　　　　燈亮了、寄意

　　寂寞　　　　　　　　　　　葉楓

　　最後一班車　　　　　　　　阮囊

　　花溪　　　　　　　　　　　張效愚

　　露滴　　　　　　　　　　　游曉洋

　　　朝花夕拾（三首）　　　　　　　　　　　瘂弦

　　　　　季後病、斑鳩、秋歌—給暖暖

　　　海上書　　　　　　　　　　　　　　　　彭捷

　　　池邊　　　　　　　　　　　　　　　　　周忠楷

　　　詩四首　　　　　　　　　　　　　　　　施薇

　　　　　囪煙、朝露、蟬、火柴

　　　桑德堡詩選：　　　　　　　　　　　　　念汝譯

　　　　　霧、鋼之祈禱、草

　　　法蘭西詩選：　　　　　　　　　　　　　覃子豪譯

　　　　　悲歌　　　　　　　　　　　　　　　沙曼

第五期　　民國四十六年五月號：

封面：詩與評論　　　　　　　　　　　　　　覃子豪

　　　糜蕾畫像

創作：

　　　對鏡　　　　　　　　　　　　　　　　鄭愁予

　　　柳芽　　　　　　　　　　　　　　　　阮囊

　　　鄉愁　　　　　　　　　　　　　　　　彭捷

　　　鷓鴣天　　　　　　　　　　　　　　　蘇美怡

　　　曙光　　　　　　　　　　　　　　　　沉思

　　　春歸　　　　　　　　　　　　　　　　風鈴草

　　　歸去　　　　　　　　　　　　　　　　游曉洋

　　　商店　　　　　　　　　　　　　　　　野虹

　　　啊！引力‧昇起吧！　　　　　　　　　向明

　　　三月　　　　　　　　　　　　　　　　向明

　　　給梵谷　　　　　　　　　　　　　　童鍾晉

　　　維納斯狂想曲（三首）　　　　　　　　瀛濤

　　　　聖火、玫瑰、生命

編後記：　　　　　　　　　　　　　　　　編者

　　　美國詩選：　　　　　　　　　　　　念汝譯

　　　　我吻過誰的唇　　　　　　　　糜雷

　　　　景　　　　　　　　　　　　娣絲黛兒

　　　　冬日　　　　　　　　　　　娣絲黛兒

　　　法蘭西詩詩：　　　　　　　　　　覃子豪譯

　　　　給一顆星　　　　　　　　　　繆塞

　　　　歌　　　　　　　　　　　　　繆塞

第七期　　民國四十六年七月號：

封面：預祝「藍星詩選」的誕生　　　　　　覃子豪

　　　林德賽畫像

創作：

　　　二月的脈管　　　　　　　　　　　　林泠

　　　田壤之歌　　　　　　　　　　　　　風鈴草

　　　發音　　　　　　　　　　　　　　　阮囊

　　　夜　　　　　　　　　　　　　　　　阜東

　　　六月　　　　　　　　　　　　　　　羅暉

　　　夜船獨守的人　　　　　　　　　　　梅其鈞

　　　結論　　　　　　　　　　　　　　　吳慕適

航訊　　　　　　　　　　　　　　　　陳郊

落花　　　　　　　　　　　　　　　　彭捷

春雨　　　　　　　　　　　　　　　　藍冰

紅葉　　　　　　　　　　　　　　　　蘇美怡

二行集（共六首）　　　　　　　　　　吳瀛濤

　　　復活、石塊、願望、停泊、對語、夢想

思念集（二首）　　　　　　　　　　　楊正武

　　　孤帆、琴聲

憂抑的林肯　　　　　林德賽原著　　　念汝譯

參考文獻舉要（依出版年代排列）

一、覃子豪作品集

(一)專　書：

1. 《海洋詩抄》　　　　台北，新詩週刊社，1953 年 4 月初版。
2. 《向日葵》　　　　　台北，藍星詩社，1955 年 9 月初版。
3. 《詩的解剖》　　　　台北，藍星詩社，1958 年 1 月初版。
4. 《詩的解剖》　　　　台北，藍星詩社，1961 年 3 月再版。
5. 《法蘭西詩選》　　　高雄，大業書店，1958 年 3 月初版。
6. 《論現代詩》　　　　台北，藍星詩社，1960 年 11 月初版。
7. 《畫廊》　　　　　　台北，藍星詩社，1962 年 4 月。
8. 《覃子豪全集Ⅰ》　　台北，覃子豪全集出版委員會，1965・詩人節。
9. 《覃子豪全集Ⅱ》　　台北，覃子豪全集出版委員會，1968・詩人節。
10.《世界名詩欣賞》　　台中，普天出版社，1969 年 6 月再版。
11.《覃子豪全集Ⅲ》　　台北，覃子豪全集出版委員會，1974・雙十節。
12.《詩的表現方法》　　台中，曾文出版社，1977 年 7 月。
13.《覃子豪詩選》　　　北京，中國友誼出版公司，1984 年 8 月第一版。
14 彭邦楨編選：《覃子豪詩選》香港，文藝風出版社，1987 年 3 月第一版。

二、覃子豪及其作品評論（依出版年代排列）

(一)、專　書（學位論文）：

1. 蔡豔紅：《覃子豪詩藝研究》國立高雄師範大學，國文教學碩士論文，
   93 年 1 月。

(二)期刊、論文：

1. 中華文藝月刊編委會編：〈中華文藝函校教授簡介〉《中華文藝》月
   刊，第二卷第二期，北縣汐止，中華文藝月刊社，1955 年 3 月 1
   日，頁 16。

2. 耶律歸：〈讀《向日葵》論覃子豪詩〉，《文壇》9 期，1960 年 12 月
   1 日，頁 15。

3. 季薇：〈覃子豪《論現代詩》〉，《自由青年》25：5，1961 年 3 月 1
   日，頁數 20-22。

4. 覃子豪：〈〈金色面具〉之自剖〉，《葡萄園詩刊》2 期，1962 年 10
   月 10 日，頁數 8-9。

5. 張默：〈試評《畫廊》〉，《葡萄園詩刊》2 期，1962 年 10 月 10 日，
   頁數 46-49。

6. 文曉村：〈詩人覃子豪之生平及《海洋詩抄》〉，大海洋詩刊 12 期，
   1963 年 10 月 15 日，頁 27-30。

7. 紀弦等：〈悼念詩人覃子豪先生〉，《文壇》41 期，1963 年 11 月 1
   日，頁數 14。

8. 陳紀瀅：〈悼子豪〉，《文壇》41 期，1963 年 11 月 1 日。頁 14。

9. 魏子雲：〈覃子豪的詩〉，《文壇》41 期，1963 年 11 月 1 日。

10. 彭邦楨：〈巨星的殞落 —— 悼詩人覃子豪瑣記之一〉，《文壇》41 期，
    1963 年 11 月 1 日，頁 15-17。

11. 西蒙：〈零時廿分〉，《文壇》41 期，1963 年 11 月 1 日，頁數 16。

12. 上官予：〈悼詩人覃子豪〉，《幼獅文藝》19：5，1963 年 11 月 15

日，頁數 33。

13. 社論：〈詩人之死〉《詩人覃子豪追念特輯》，《創世紀詩刊》19 期，1964 年 1 月。

14. 紀弦：〈祭詩人覃子豪文〉，創世紀詩雜誌，19 期，1964 年 1 月，頁 4。

15. 辛鬱：〈病中記事〉，創世紀詩雜誌，19 期，1964 年 1 月，頁 5-6。

16. 楚戈：〈彌留之夜〉，創世紀詩雜誌，19 期，1964 年 1 月，頁 7-8。

17. 冰川：〈詩人的畫廊〉，創世紀詩雜誌，19 期，1964 年 1 月，頁 9-10。

18. 葉泥：〈關於覃子豪全集〉，創世紀詩雜誌，19 期，1964 年 1 月，頁 17-18。

19. 本社社論：〈悼詩人覃子豪先生 —— 兼致現代詩人〉，《葡萄園詩刊》7 期，1964 年 1 月，頁數 2-3。

20. 趙天儀：〈詩的播種者-覃子豪先生印象記〉，《葡萄園詩刊》10 期，1964 年 10 月 15 日，頁數 15-16。

21. 洪兆鉞：〈校訂覃子豪《永安劫後》詩集書後〉，台北，中央日報副刊，1965 年 4 月 18 日。

22. 柳文哲：〈詩壇散步：介紹覃子豪全集〉笠詩刊八期，1965 年 8 月 15 日。。

23. 謝冰瑩：〈覃子豪〉《作家印象記》台北，三民書局，1967 年 1 月，頁 131-139

24. 辛鬱：〈黃金的溶解 —— 對已故詩人覃子豪昀一些回憶〉，《南北笛詩刊》，1967 年 3 月，頁數 13-16。

25. 周伯乃：〈詩的欣賞 —— 中國新詩的轉位(下)〉，《自由青年》40：6，1968 年 9 月 16 日，頁數 24-26。

26. 洛夫：〈從〈金色面具〉到〈瓶之存在〉 —— 論覃子豪詩〉《詩人之

鏡》，1969 年 5 月，頁數 17-30。

27.周伯乃：〈〈畫廊〉裡的覃子豪〉，《自由青年》45：1，1971 年 1 月，頁數 122-132。

28.彭邦楨：〈論《畫廊》〉，《詩的鑑賞》，商務印書館，1971 年 8 月。

29.辛鬱：〈覃子豪的生命與詩〉，《文藝月刊》44 期，1973 年 2 月，頁數 192-201。

30.楊牧：〈覃子豪紀念〉《楊牧自選集》，台北，黎明文化公司，1975 年，頁 291-304。

31.辛鬱：〈覃子豪的〈詩的播種者〉〉，青年戰士報副刊，1975 年 8 月 8 日。

32.文曉村：〈《覃子豪全集》介評(上)〉，《文壇》195 期，1976 年 9 月 1 日，頁數 14-21。

33.張默：〈獨留青塚向黃昏 ── 試評覃子豪的「畫廊」〉《飛騰的象徵》，台北，水芙蓉出版社，1976 年 9 月 10 日初版。頁 122-128。

34.文曉村：〈《覃子豪全集》介評(中)〉，《文壇》196期，1976 年10月 1 日。

35.文曉村：〈《覃子豪全集》介評(下)〉，《文壇》197期，1976 年11月 1 日。

36.洛夫：〈覃子豪的世界〉《洛夫詩論選集》，金川出版社，1978 年 8 月，頁 171-188。

37.向明：〈懷念詩人覃子豪先生〉，台灣日報副刊，1978 年10月 15 日。

38.丘彥明：〈記詩人覃子豪作品討論會 ── 個健偉的靈魂〉，聯合報副刊，1978 年 10 月 19 日。

39.羅青：〈評覃子豪〈花崗山掇拾〉〉，草根雜誌，四卷二期，1978 年 12 月，頁 36-42。

40.向明：〈詩人的保姆〉，台灣日報副刊，1979 年 1 月 16 日。

41.莫渝：〈覃子豪論 ── 追悼詩人逝世十五週年〉《笠詩刊》，1979 年

2 月 15 日。頁 55-80。

42.陳啓佑:〈覃子豪兩首詩中的原型〉,中外文學七卷十期,1979 年 3 月 1 日。

43.辛鬱:〈入土爲安 —— 詩人覃子豪骨灰安葬記〉,《中華文藝》101 期,1979 年。

44.辛鬱:〈對覃子豪先生的幾件回憶〉,《文藝月刊》118 期,1979 年 4 月,頁數 198-202。

45.司徒衛:〈覃子豪的〈海洋詩抄〉〉《五十年代文學論評》,成文出版社,1979 年 7 月。頁 19-27。

46.林煥彰:〈海的歌者及其詠嘆-覃子豪先生海洋詩讀後感〉,《大海洋詩刊》12 期,1979 年 10 月 10 日,頁數 14-17。

47.朱學恕:〈談海洋詩的永恆性 —— 爲悼念海洋詩人覃子豪先生而作〉,《大海洋詩刊》12 期,1979 年 10 月 15 日,頁數 7-9。

48.向明:〈從懷念出發〉,《大海洋詩刊》12 期,1979 年 10 月 15 日,頁數 18-19。

49.王牌:〈覃子豪先生可以含笑九泉〉,《大海洋詩刊》12 期,1979 年 10 月 15 日,頁數 12-13。

50.關志昌:〈覃子豪〉《傳記文學》56 期,台北,傳記文學出版社,1980 年 3 月。

51.舒蘭編撰:〈覃子豪〉《抗戰時期的新詩作家和作品》,台北,成文出版社,1980 年初版。頁 1-42。

52.洛夫:〈祭覃子豪〉《孤寂中的迴響》台北,東大圖書公司,1981 年 7 月。

53.莫渝:〈永恆的牧神 —— 覃子豪論〉《走在文學邊緣》,台北,台灣商務印書舘,1981 年 8 月初版。頁 332。

54.方思:〈憶覃子豪〉,《現代詩》復刊 2 期,1982 年 10 月 2 日,頁數 55-59。

55.洪兆鉞:〈千古文章未盡才 —— 兼論覃子豪全集編纂的觀點與態度 (一～四)〉,刊《中央日報》,1983 年 3 月 26 日至 3 月 29 日。

56.小民:〈懷念 —— 憶覃子豪老師〉,《臺灣詩季刊》2 期,1983 年 9 月 5 日,頁數 41-43。

57.辛鬱:〈入土為安〉,創世紀詩雜誌 62 期,1983 年 10 月,頁 154-155。

58.羅門:〈生命的回響 —— 追念覃子豪先生〉,《藍星》詩刊 17 期,1983 年 10 月 20 日,頁數 11-13。

59.應未遲:〈永懷詩人覃子豪〉,《藍星》詩刊 17 期,1983 年 10 月 20 日,頁數 11-13。

60.鍾鼎文:〈覃子豪的身後事〉,《藍星》詩刊 17 期,1983 年 10 月 20 日,頁數 14-16。

61.夏菁:〈為子豪立像〉,《藍星》詩刊 17 期,1983 年 10 月 20 日,頁數 17-18。

62.洪兆鉞:〈追念覃子豪〉,《藍星》詩刊 17 期,1983 年 10 月 20 日,頁數 19-21。

63.謝樹楠:〈追念覃子豪逝世廿週年〉,《藍星》詩刊 17 期,西元 1983 年 10 月 20 日,頁數 30-32。

64.辛鬱:〈懷子豪師〉,《藍星》詩刊 17 期,1983 年 10 月 20 日,頁數 33-34。

65.沈思:〈馨香的回憶 —— 寫在子豪兄逝世廿週年〉,《藍星》詩刊 17 期,1983 年 10 月 20 日,頁數 38-41。

66.向明:〈我的詩人老師 —— 覃子豪先生〉,《藍星》詩刊 17 期,1983 年 10 月 20 日,頁數 42-50。

67.麥穗:〈覃子豪與新詩週刊〉,《藍星》詩刊 17 期,1983 年 10 月 20 日,頁數 51-60。

68.瘂弦:〈覃子豪先生的遺音〉,《藍星》詩刊 17 期,1983 年 10 月 20 日,頁數 67-74。

69.向明:〈詩名繼海峰〉,中華日報副刊,1983 年 10 月 29 日。

70.向明:〈覃子豪先生逝世廿週年紀念活動記實〉,藍星詩頁 70 期,1983 年 11 月 10 日。

71.楚軍:〈他會活得永遠 —— 紀念覃子豪兄逝世廿週年〉中央日報 1983 年 11 月 12 日。

72.朱沈冬:〈永懷詩人覃子豪先生〉,《心臟詩刊》4 期,西元 1983 年 12 月,頁數 104-105。

73.趙天儀:〈覃子豪的〈紡織娘〉〉,1983 年 12 月 6 日。

74.王在軍:〈效法覃子豪老師的寫作精神〉,葡萄園詩刊 85 期,1983 年 12 月 15 日。

75.莫渝:〈覃子豪與我〉,葡萄園詩刊 86 期,1984 年 3 月 31 日。

76.袁暌九:〈詩人覃子豪二十週年祭〉,《傳記文學》44:4,1984 年 4 月,頁數 52-54。

77.魏子雲:〈覃子豪的愛與死〉,《中國時報副刊》,1984 年 7 月 16 —— 17 日。

78.魏子雲:〈留下靜寂和奧秘 —— 記詩人覃子豪二、三事〉,《聯合報》副刊,1984 年 6 月 22 日。

79.羅門:〈紀念藍星詩社成立三十週年〉,藍星詩刊第一號,1984 年 10 月 5 日。頁 41-63。

80.李華飛:〈隔海祭詩魂 —— 憶覃子豪〉,見北京,《新文學史料》三十四期,1987 年 1 月 22 日。頁 153-158。

81.彭邦楨：〈覃子豪評傳〉《覃子豪詩選》，香港，文藝風出版社，1987
　　年3月第一版，頁229-258。

82.彭邦楨：〈覃子豪小傳〉《覃子豪詩選》，香港，文藝風出版社，1987
　　年3月第一版，頁281-282。

83.林林：〈魂兮，跨海來〉，見《覃子豪紀念館落成專輯》，四川‧廣
　　漢市，廣漢市覃子豪紀念館籌建組，1988年6月，頁39-43。

84.朱顏(錫侯)：〈"五人詩社"及《剪影集》的由來〉，《覃子豪紀念館落
　　成專輯》，四川‧廣漢市，廣漢市覃子豪紀念館籌建組，1988年6
　　月，頁44-54。

85.黎央：〈回憶詩人覃子豪〉，《覃子豪紀念館落成專輯》，四川‧廣漢
　　市，廣漢市覃子豪紀念館籌建組，1988年6月，頁65-67。

86.范小梵：〈我們相識在抗日前線〉，《覃子豪紀念館落成專輯》，四川‧
　　廣漢市，廣漢市覃子豪紀念館籌建組，1988年6月，頁68-71。

87.江汎：〈覃子豪先生的二三事〉，《覃子豪紀念館落成專輯》，四川‧
　　廣漢市，廣漢市覃子豪紀念館籌建組，1988年6月，頁72-77。

88.張白帆：〈覃子豪與繪畫〉，《覃子豪紀念館落成專輯》，四川‧廣漢
　　市，廣漢市覃子豪紀念館籌建組，1988年6月，頁81-84。

89.覃漢川：〈弟兄的憶念〉，《覃子豪紀念館落成專輯》，四川‧廣漢市，
　　廣漢市覃子豪紀念館籌建組，1988年6月，頁85-90。

90.紀弦：〈祭詩人覃子豪〉，《覃子豪紀念館落成專輯》，四川‧廣漢市，
　　廣漢市覃子豪紀念館籌建組，1988年6月，頁95-96。

91.施穎洲：〈一代詩人──悼覃子豪先生〉，《覃子豪紀念館落成專輯》，
　　四川‧廣漢市,廣漢市覃子豪紀念館籌建組,1988年6月,頁97-99。

92. 羅門：〈回響 ── 詩人覃子豪紀念銅像〉，《覃子豪紀念館落成專
　　輯》，四川‧廣漢市，廣漢市覃子豪紀念館籌建組，1988年6月，

頁 97-99。

93. 雲鶴：〈覃子豪師與我〉，《覃子豪紀念館落成專輯》，四川‧廣漢市，廣漢市覃子豪紀念館籌建組，1988 年 6 月，頁 110-111。

94. 林海音：〈孤獨的旅人並不寂寞〉，《覃子豪紀念館落成專輯》，四川‧廣漢市，廣漢市覃子豪紀念館籌建組，1988 年 6 月，頁 112-113。

95. 彭邦楨：〈詩人形象的完成〉，《覃子豪紀念館落成專輯》，四川‧廣漢市，廣漢市覃子豪紀念館籌建組，1988 年 6 月，頁 120-130。

96. 洛夫：〈論覃子豪的詩〉，《覃子豪紀念館落成專輯》，四川‧廣漢市，廣漢市覃子豪紀念館籌建組，1988 年 6 月，頁 131-141。

97. 雷石榆：〈略談覃子豪的詩〉，《覃子豪紀念館落成專輯》，四川‧廣漢市，廣漢市覃子豪紀念館籌建組，1988 年 6 月，頁 142-145。

98. 洛夫：〈意境，詩人與讀者的共同創造 —— 讀覃子豪的〈追求〉與〈距離〉〉，《覃子豪紀念館落成專輯》，四川‧廣漢市，廣漢市覃子豪紀念館籌建組，1988 年 6 月，頁 146-152。

99. 賈芝：〈憶詩友覃子豪〉，見《新文學史料》四十期，1988 年 8 月 22 日。頁 115-118。

100.荻青：〈海洋底歌者有著遙遠的夢 —— 談覃子豪的海洋詩〉，《藍星詩刊》21 期，1989 年 10 月，頁數 50-54。

101.林淑貞：〈覃子豪在台之詩論及其實踐活動探究〉，《台灣文學觀察雜誌》，第四期 1991 年 11 月，頁 34-57。

102.旅人：〈覃子豪〉《中國新詩論史》，台中，台中縣文化中心，1991 年 11 月，頁數 167-171。

103.邵秀峰：〈邵秀峰心中的覃子豪〉，台北，中央日報副刊，1993 年 10 月 9 日。

104.蓉子：〈詩人典範〉，《中華日報》副刊，1993 年 10 月 9 日。

105.鍾鼎文　鄭愁予：《詩人覃子豪逝世三十周年紀念小輯》，《聯合報》副刊，1993 年 10 月 9 日。

106.楚軍：〈煙，殺了覃子豪〉，《中央日報》副刊，1993 年 10 月 9 日。

107.辛鬱：〈向日葵 —— 憶子豪先生〉，《中央日報》副刊，1993 年 10 月 10 日。

108.蕭蕭：〈覃子豪的詩風與詩觀〉，《文訊》58=97，1993 年 11 月，頁數 74-78。

109.馮季眉：〈傳遞這顆殞落星子的光和熱〉，《文訊》58=97，1993 年 11 月，頁數 89-91。

110.王晉民：〈紀弦和覃子豪的詩〉《台灣當代文學史》，廣西，廣西人民教育出版社，1994 年，頁 597-610。

111.沈師謙：〈追念覃子豪的〈追念〉〉，台北，中央日報副刊，1986 年 5 月 24 日。收入沈師謙著《林語堂與蕭伯納》北京，中國友誼出版公司，1999 年 3 月，頁 229-232。

112.商禽：〈追憶詩人覃子豪〉，《誠品閱讀》13 期，1993 年 12 月 1 日。

113.劉福春：〈肺腑嘶喊與戰爭喇叭的交響，覃子豪的第一本詩集《自由的旗》〉，台北，中央日報副刊，1996 年 10 月 27。

114.向明：〈詩的奧義與典範〉，《乾坤詩刊》第八期，1998 年 10 月，頁 9-14。

115.流沙河：〈跨海詩人覃子豪〉，《乾坤詩刊》第八期，1998 年 10 月，頁 15-18。

116.文曉村：〈憶 —— 覃子豪師〉，《乾坤詩刊》第八期，1998 年 10 月，頁 19-20。

117.麥穗：〈懷念詩的播種者 —— 寫在覃子豪老師逝世三十五週年〉，《乾坤詩刊》第八期，1998 年 10 月，頁 21-24。

118.莫渝：〈熱血在我胸中沸騰 —— 試析覃子豪的戰爭詩歌〉，《新詩隨筆》，北縣，台北縣政府文化局，2001 年 12 月。頁 95-106。

119.莫渝：〈抗戰初期的覃子豪與台灣〉，《新詩隨筆》，北縣，台北縣政府文化局，2001 年 12 月。頁 107-110。

120.劉正偉：〈與永恆競走 —— 試論覃子豪詩中靈與真特質〉，《藍星詩學季刊》17 期，2003 年新春號，頁 186-194。

121.陳義芝：〈象徵主義傳燈人：覃子豪〉《兩岸現代詩學國際學術研討會論文集》，佛光人文社會學院。2004 年。頁 1-15。

122.劉正偉：〈戰後台灣第一場現代詩論戰 —— 關於紀弦與覃子豪的現代詩論戰〉，《創世紀詩刊》140-141 期《創世紀五十週年專號》，2004 年 10 月，頁 384-393。

三、其他參考文獻（依出版年代排列）

（一）專 書

1.方旗：《哀歌二三》，自印，1966 年。

2.余光中：《逍遙遊》，台北，大林書店，1970 年 8 月 15 日，三版。

3.國立中央圖書館編輯：《中華民國當代文學作家名錄》，台北，1970 年。

4.周伯乃：《現代詩欣賞》，台北，三民書局，1971 年再版。

5.余光中：《望鄉的牧神》，台北，純文學出版社，1972 年，五版。

6.方旗：《端午》，自印，1972 年。

7.楊喚：《楊喚詩集》台中，光啓出版社，(1964 年 9 月初版)，1973 年 3 月 3 版。

8.洛夫編：《中國現代文學大系・詩卷 1.2.》台北，巨人出版社，1974 年 2 月再版。

9.周伯乃:《現代詩欣賞》,台北:三民書局,1974 年 12 月。

10.王志健:《現代中國詩史》,台北,台灣商務印書舘,1975 年。

11.張默:《飛騰的象徵》,台北,水芙蓉出版社,1976 年 9 月 10 日初版。

12.唐文標:《唐文標碎雜》,台北,遠景出版社,1976 年 9 月再版。

13.黃維樑:《中國詩學縱橫論》,台北,洪範書店,1977 年 1 月

14.余光中:《掌上雨》,台北,大林出版社,1977 年 5 月再版。

15.張漢良:《現代詩論橫》,台北,幼獅文化事業,1977 年六月。

16.黃永武:《中國詩學 —— 鑑賞篇》,台北,巨流圖書公司,1977 年。

17.黃永武:《中國詩學 —— 設計篇》,台北,巨流圖書公司,1977 年。

18.羅青:《從徐志摩到余光中》,台北:爾雅出版社,1978 年 12 月。

19.趙知悌編著:《現代文學的考察》,台北,遠景出版社,1978 年 12 月再版。

20.張漢良、蕭蕭編:《現代詩導讀·理論史料篇》,台北,故鄉出版社,1979 年 11 月。

21.瘂弦編:《當代新文學大系·詩》,天視出版公司,1980 年 4 月。

22.蕭蕭、楊子澗編著:《中學生白話詩選》,台北,故鄉出版社,1980 年 4 月 15 日。

23.陳千武:《現代詩淺說》,台中,學人文化公司,1980 年 8 月初版。

24.舒蘭編撰:《抗戰時期的新詩作家和作品》,台北,成文出版社,1980 年初版。

25.朱光潛:《詩論》,台北,德華出版社,1981 年 1 月初版。

26.蕭蕭、陳寧貴、向陽:《中國當代新詩大展 1》,台北,德華出版社,1981 年 6 月初版。

27.莫渝:《走在文學邊緣》,台北,台灣商務印書舘,1981 年 8 月初版。

28.羅青:《從徐志摩到余光中》,台北,爾雅出版社,1981 年 12 月。

29.瘂弦:《中國新詩研究》,台北,洪範書店,(1981 年 1 月初版),1982 年 12 月二版。

30.向明:《青春的臉》,台北,九歌出版社,1982 年 11 月 15 日初版,12 月 15 日再版。

31.白萩:《現代詩散論》,台北,三民書局,1983 年,三版。

32.應鳳凰、鍾麗慧編:《中華民國作家作品目錄》,台北,行政院文化建設委員會,1984 年。

33.國立中央圖書館編印:《現代詩三十年展覽目錄》,台北,國立中央圖書館,1984 年 10 月 6 日。

34.羅青:《從徐志摩到余光中》,台北,爾雅出版社,1985 年 10 月 20 日 10 版。

35.黃維樑:《中國詩學縱橫論》,台北,洪範書店,1986 年四版。

36.林燿德:《一九四九以後》,台北,爾雅出版社,1986 年。

37.張健、羅門編:《星空無限藍》,台北,九歌出版社,1986 年 6 月 10 日初版。

38.司馬長風:《中國新文學史》,板橋市:駱駝出版社,1987 年。

39.蘇雪林等著:《抗戰時期文學回憶錄》,台北,文訊月刊雜誌社,1987 年 7 月 1 日初版。

40.秦賢次編著:《抗戰時期文學史料》,台北,文訊月刊雜誌社,1987 年 7 月 1 日初版。

41.張默編:《小詩選讀》,台北,爾雅出版社,1987 年 5 月 10 日初版,1994 年 9 月 4 日四印。

42.蕭蕭:《現代詩學》,台北,東大圖書公司,1987 年初版。

43.鄧禹平:《我存在,因為歌,因為愛》,台北,純文學出版社,1982

年 3 月初版，1987 年 9 月初版 14 刷。

44.葉維廉：《比較詩學》，台北，東大圖書公司，1988 年 6 月再版。

45.鍾玲：《現代中國謬斯 —— 台灣女詩人作品析論》，台北，聯經出版社，1989 年初版。

46.古繼堂：《台灣新詩發展史》，台北，文史哲出版社，1989 年。

47.龔鵬程：《文學批評的視野》，台北，大安出版社，1990 年。

48.楊牧：《一首詩的完成》，台北，洪範書店，1990 年 1 月。

49.楊昌年：《現代詩的創作與欣賞》，台北，文史哲出版社，1991 年 9 月。

50.張漢良、蔡源煌、鄭明娳、林燿德等著：《門羅天下》，台北，文史哲出版社，1991 年 12 月初版。

51.沈師謙：《修辭方法析論》，文史哲出版社，2002 年 12 月。

52.張默：《台灣現代詩編目》，台北，爾雅出版社，1992 年 5 月。

53.楊里昂：《中國新詩史話》，湖南‧長沙，湖南文藝出版社，1992 年 10 月。

54.向明：《客子光陰詩卷裏》，台北，耀文圖書公司，1993 年 5 月出版。

55.羅青：《詩的風向球》，台北，爾雅出版社，1994 年 8 月 20 日初版。

56.瘂弦：《創世紀四十年評論選》，台北，創世紀詩雜誌社，1994 年 9 月 10 初版。

57.劉登翰：《台灣文學隔海觀》，風雲時代出版公司，1995 年。

58.王夢鷗著：《中國文學理論與實踐》，台北，時報出版社，1995 年。

59.李瑞騰主編：《中華民國作家作品目錄（新編）》，台北，行政院文化建設委員會，1995 年。

60.渡也：《新詩補給站》，台北，三民書局，1995 年。

61.蕭蕭、張默編：《新詩三百首(上、下)》，台北，九歌出版社，1995

年 9 月 20 日。

62.孟樊：《當代台灣新詩理論》，台北，揚智文化事業公司，1995 年初版。

63.黃永武：《中國詩學 —— 設計篇》，台北，巨流圖書公司，1996 年。

64.文訊雜誌社(主編)：《台灣現代詩史論》，台北，文訊雜誌社，1996 年。

65.張默：《台灣現代詩編目一九四九一九九五》臺北，爾雅出版社，1996 年 1 月。

66.沈奇：《台灣詩人散論》，台北，爾雅出版社，1996 年 11 月 20 日初版。

67.彭瑞金：《台灣文學運動四十年》，春暉出版社，1997 年出版。

68.皮述民、邱燮友、馬森、楊昌年：《二十世紀中國新文學史》，板橋市，駱駝出版社，1997 年。

69.古繼堂：《台灣新詩發展史》，台北，文史哲出版社，1997 年，二版。

70.向明：《新詩 50 問》，台北：爾雅出版社，1997 年 2 月。

71.向明：《新詩後 50 問》，台北：爾雅出版社，1998 年 4 月。

72.潘麗珠：《現代詩學》，台北，五南圖書出版社，1998 年初版。

73.白靈：《一首詩的誘惑》，河童出版社，1998 年。

74.奚密：《現當代詩文錄》，台北：聯合文學，1998 年 11 月。

75.麥穗：《詩空的雲煙》，台北：詩藝文出版社，1998 年 5 月初版。

76.許世旭：《新詩論》，台北，三民書局，1998 年 8 月初版。

77.彭瑞金：《文學評論百問》，台北，聯合文學出版社，1998 年 8 月初版。

78.孟樊：《當代台灣文學評論大系(4)新詩批評卷》，台北，正中書局，1998 年 9 月初版二次印行。

79.孟樊：《當代台灣新詩理論》，台北：揚智文化事業公司，1998 年

二版。

80.張默、蕭蕭編著：《新詩三百首》(上、下)臺北：九歌出版社，1998年 11 月。

81.封德屏主編：《中華民國作家作品目錄 1999》，台北，行政院文化建設委員會，1999 年。

82.劉菲：《評詩論藝》，台北，詩藝文出版社，1999 年 3 月。

83.沈師謙：《林語堂與蕭伯納》，台北，九歌出版社，1999 年 3 月 10日。

84.簡恩定等編著：《現代文學》，台北，國立空中大學，1999 年 8 月初版三刷。

85.周良沛編序：《中國新詩庫‧七集》，武漢，長江文藝出版社，2000年 1 月初版。

86.蕭蕭：《詩人的幽默策略》，台北，健行文化公司，2000 年 3 月 10 日。

87.劉正偉：《思憶症》，台北，文史哲出版社，2000 年 7 月。

88.封德屏主編：《台灣文學年鑑》，台北，行政院文化建設委會，2000年 10 月。

89.莫渝：《台灣新詩筆記》，台北，桂冠圖書公司，2000 年 11 月初版。

90.莫渝：《法國文學筆記》，台北，桂冠圖書公司，2000 年 11 月初版。

91.沈師謙編著：《修辭學》，北縣，國立空中大學，2000 年。

92.吳當：《拜訪新詩》，台北，爾雅出版社，2001 年 2 月 20 日初版。

93.林明德編著：《台灣現代詩經緯》，台北，聯合文學，2001 年 6 月初版。

94.林慶彰：《學術論文寫作指引》，臺北：萬卷樓圖書有限公司，2001年 9 月，初版五刷。

95.馬悅然、奚密、向陽主編：《二十世紀台灣詩選》，臺北，麥田出版

社，2001 年 10 月，初版二刷。

96.莫渝：《新詩隨筆》，北縣，台北縣政府文化局，2001 年 12 月。

97.林淇瀁：《長廊與地圖：台灣新詩風潮簡史》，台北，向陽工坊，2002
　　年 10 月 7 日。

98. 向明：《走在詩國邊緣》，台北，爾雅出版社，2002 年。

99. 向明：《窺詩手記》，台北，禹臨圖書公司，2002 年。

100.孟樊：《台灣後現代詩的理論與實際》，台北，揚智出版社，2003
　　年 1 月，一版一刷。

101.落蒂：《詩的播種者》，台北，爾雅出版社，2003 年 2 月 20 日初版。

102.王光明：《現代漢詩的百年演變》，河北，河北人民出版社，2003
　　年 9 月初版。

(二)期刊、論文

1.覃子豪主編：《公論報・藍星週刊》107 期，台北，公論報社。1956
　　年 7 月 6 日。

2.藍星詩社主編：《藍星宜蘭分版》四十六年元月號，宜蘭，宜蘭青年
　　月刊社，1957 年 1 月。

3.紀弦、覃子豪編：《自立晚報・新詩週刊》第一期至第九十四期，台
　　北《自立晚報》1951・11・5 —— 1953・9・14。

4.余光中：《現代文學・第十七個誕辰》第四十六期，台北：現代文學
　　雜誌社，1972 年 3 月，頁 11-27。

5.上官予：〈五十年代的新詩〉，《文訊》第九期，1984 年 3 月。

6.向明：〈五〇年代現代詩的回顧與省思〉藍星詩刊 15 號，1988 年 4
　　月頁 83-100。

7.白靈：〈九歌版藍星詩刊的歷史意義〉台灣詩學季刊 3 期，1993 年 6

月，頁 119-140。

8.莫渝：〈法國詩與台灣詩人（1950-90）〉台灣詩學季刊 3 期，1993 年
6 月，頁 141-188。

9.張健：〈藍星詩人的成就〉《兩岸詩刊學術研討會論文集》台北，中
國詩歌藝術學會，1998 年 9 月 26 日。

（三）學位論文

1.施靜宜：《五〇年代的黃荷生詩研究》，文化大學中文所碩士論文，
2001 年。

2.陳全得：《台灣《現代詩》研究》，國立政治大學中國文學系博士學
位論文，1999 年。

四、電子網頁資料

1.《全國博碩士論文資訊網》　網址：http://datas.ncl.edu.tw/theabs/1/

2.《國家圖書館遠距圖書服務系統・當代文學史料影像系統》
網址：http://readopac.ncl.edu.tw/html/frame11.htm